IN ORDER TO PRACTISE

LEARN

恶补金融学的第一本书

汪继红◎著

中国法制出版社
CHINA LEGAL PUBLISHING HOUSE

PREFACE | # 序言

这是飞速发展的经济社会，在这样的环境中，有钱并非无所不能，但没有钱、不懂得赚钱、没有一点金融常识，自然是不行的。

我们每个人的生活都离不开钱，而在背后支撑着金钱运转的体系，学者们称之为金融。

你可能觉得金融学是一门高冷的学问，只有那些西装革履，整天把投资、股票、基金、外汇这样的词汇挂在嘴边的人才用得到。你可能觉得自己一生都与金融无缘，只安心做工作、过日子的你认为不懂金融学是理所应当的。但是，当看完这本书，你就会改变之前的观点，你会觉得金融学原来离你这么近。

金融学存在于每个人的日常行为中，每个人在生活中都有意无意地运用金融学规律进行选择和取舍。事实上，我们生活的方方面面都与金融学有关：你去市场买菜，菜价涨了，这背后有金融方面的原因；你结婚想买房，房价居高不下，这背后有金融领域的关系；你看到股市大起大落，这背后有金融原理的运作。金融与我们的生活息息相关，只不过作为潜在运行的法则，它长久以来不为我们普通人所重视。

但是，随着经济的发展，那些原本不重视金融学、不懂金融学的人逐渐发现，自己在经济层面吃的亏越来越多，不懂金融学让自己在经济领域寸步难行。尤其是经历了美国的次贷危机，再面对通货膨胀的当下，很多人越发意识到金融学的重要性，开始下决心要恶补金融学知识。

但是，在下定决心学习的时候，大家才发现自己无处着手。毕竟，作为一门专业性很强的学科，金融学并不那么容易掌握，学习起来既烦琐又枯燥，这让很多有心学习的读者望而却步。

这本书的创作，就是基于这方面的考虑，希望为读者提供一条学习金融学的捷径。本书并不以金融学原理为主要线索，而是立足于我们现实生活中所遇到的种种问题，对实际问题做出金融学的解释，力求在学习知识的同时，为读者增加阅读趣味。

翻开这本书，就为自己找到了一位博学的金融学导师，它会深入浅出地为你讲解金融学的各个环节，带你了解金融学的本质。

翻开这本书，就为自己聘请了一位经验丰富的资金顾问，它会根据多种生活实践，带你领略金融领域的神奇，让你对自己的“钱途”更有信心。

《恶补金融学的第一本书》从金融学基本原理入手，全面系统地讲述了金融学的基本理论框架及其在现实社会生活中的应用。在这本书中，你不会被各种各样的名词搞得晕头转向，也不必理解那些艰深晦涩的金融学公式和图表。本书以生活事例为骨架，将金融学的深刻道理娓娓道来，让读者在享受中，迅速了解金融学的全貌，并学会用金融学的视角和思维观察、剖析种种生活现象，指导自己的行为，解决生活中的各种难题。

当前，我们已经进入到一个信息爆炸的时代，靠着过去个人在实践中积累的一点点经验去闯江湖已经过时，现代社会需要人更快、更好地适应节奏的变化。在这个天翻地覆的时代，我们所要面临的金融问题也是千变万化，在这种情况下，如果能够掌握金融学的一些基本知识，掌握金融学领域的思维方式，那么对于读者来说无疑是很有益处的。

本书作者希望能够将真正的金融学知识传授给读者，并期盼着能够与读者进一步交流。如果读者真正读懂本书，并能学以致用，那不仅是读者的莫大收获，也是本书作者莫大的荣幸。

CONTENTS | 目录

第一部分　金融学的基本原理

第一课　货币——什么最值钱

第二课　利率——钱为什么"值钱"

第三部分　金融学教你不犯错

第十课　金融学教你规避风险

第十一课　金融学带你了解常识

FINANCE

1

金融学的基本原理

第一课

货币——什么最值钱

货币：交易的一般等价物

如果有个人走过来，想用几张薄薄的纸，换走你的牛、你的羊，换走你的电脑，换走你的衣服，换走你的豆浆和煎饼果子，相信你一定不会答应的。但如果这张纸上面印着中国人民银行和毛泽东头像，上面写着50元或100元，并且在验钞机检验下鉴定为真币，很多人就愿意用牛羊、电脑、衣服交换了。

明明是一张纸，一旦身份变成了货币，便可以在市场上呼风唤雨，这是多么神奇的一件事。那么这件事是怎么实现的呢？这就要从货币的本质讲起，货币的本质就是交换中的一般等价物。

人类社会的组成是从生产和交换开始的，一个人、一个部落即便再强大，也不免需要跟别人、别的部落进行交换。生产小麦的可能需要交换牲畜，饲养牲畜的可能需要交换金属，制造金属的可能需要交换干柴，而生产干柴的可能需要交换小麦。

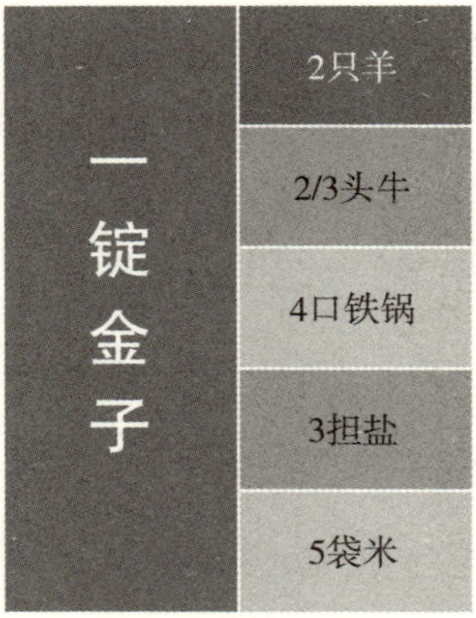

货币充当交换媒介

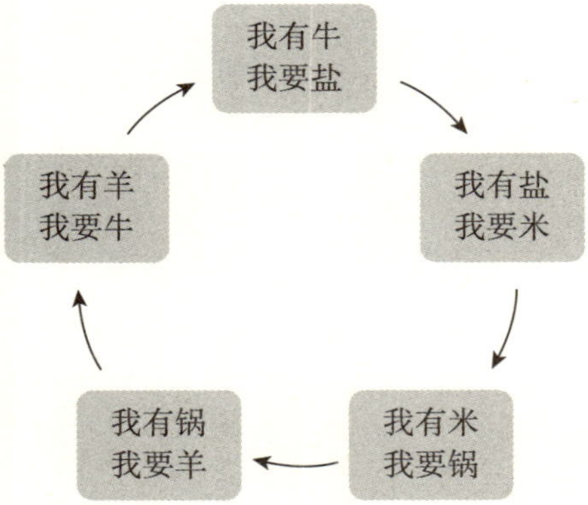

没有货币的“物物交换”

这样频繁地交换，在互通有无之间便让人类从部落时代进入社会时代。但在交换过程中不免会出现一个问题，那就是物与物之间的不对等交换。

甲部落需要用小麦交换乙部落的金属，但乙部落却不需要小麦，而需要丙部落的牲畜，所以甲部落就只能先用小麦跟丙部落交换牲畜，然后用换到手的牲畜再去交换乙部落的金属。但不巧的是，丙部落也不需要小麦，而是需要丁部落的食盐，甲部落就只好再去跟丁部落进行交换……

还有一种情况，甲部落和乙部落就小麦和金属的交换达成了一致，但问题是，多少小麦交换多少金属器皿呢？双方提出，8 担小麦交换一口铜釜，甲部落想要交换两口铜釜，但手里却只有 15 担小麦，这又该怎么办？丙部落打算用牲畜交换丁部落的食盐，1 头牛可以换 3 担食盐，丙部落需要不多不少正好 10 担食盐，需要付出多少头牛呢？

这样的问题频繁出现，就给交易造成了难题，到底哪一方应该吃亏哪一方应该获利呢？从公平的角度讲，自然是没有任何一方想要吃亏的，那么就需要一个大家公认的、可以让交易更公平的东西出现，这个东西就是一般等价物。

最开始，部落时代幼稚的人类试过无数种一般等价物，比如粮食、牲畜等，但效果都很不好。粮食不容易保存，而牲畜很难分割。

当粮食作为一般等价物时，乙部落用铜釜交换了很多粮食，打算在下一次交换中换一些牲畜和食盐，没想到天气返潮，粮食都烂掉了，那么乙部落就白白损失了无数的铜釜。丁部落交换来5头牛，打算在下一次交换中换一些小麦和铜釜，但换的时候却出现了计算问题，要换的小麦用2头牛换不够，用3头牛换还多，那怎么办？给对方部落2头牛加1条牛尾巴吗？当然也不行。

经过无数次失败的、可笑的现实实验之后，人类终于找到了一些确实可以被使用的一般等价物，它们便是货币。不过，此时的货币还不是纸币，而更多是以实物的形式出现的，人类社会发展史上最著名的货币就是食盐。

在古埃塞俄比亚，人们把食盐叫作“阿莫勒斯”，中文的意思是“王国的货币”，那里的人习惯用食盐来交易物品，食盐是社会最重要的财富象征。

古希腊和古罗马，都有奴隶主用食盐去购买奴隶的记载，因为食盐同样是可以变现为其他物品的等价物，当时，如果认为哪个奴隶的劳动力或技能差，口头禅就是“他值不了那么多盐”。

在早期的非洲东海岸，岩盐盐块是各大部落内使用的主要货币，每块岩盐大约10英寸长2英寸厚，在中非其他地区，也有把盐块用作货币的记录。

中国把盐当作货币是在商周以前的部落时代，春秋时期虽然已经式微，但每当中国发生战乱、交通不便的时候，食盐就又会出来充当货币，这种现象直到民国时期还在西南地区出现过。

由此可见，将食盐当作货币似乎是人类发展的共同选择，食盐充当货币有几点必然性：

其一，食盐容易搬运和保存，尤其是经过按压形成的盐块，只要保存在干燥的环境中，就不会腐坏，其单位体积比较小，也容易随身携带。其二，人类社会对食盐的需求比较大，人可以不食用糖，但却不能不吃盐。盐不仅是调味品，还是人健康的重要保障，因此在盐难以开采的古代，食盐本身就有很高的价值，自然可以成为货币。其三，食盐容易计量和分割，当货物不足以抵偿一整块盐币的价值时，盐块很容易进行分割和重新计量，要知道，分割一半对于食盐是没有影响的，但割掉一条牛腿，对牛的影响则是不可忽视的。

上述三点，也是人类对货币最基本的要求，所以，一旦人类发现有更好的东西，能够满足以上三个要求，便会放弃食盐。这也是为什么当人类进入文明社会之后，食盐作为货币就渐渐退出了历史舞台，因为人们找到了一种更适宜成为货币的东西——金银。

金银天然不是货币，但货币天然是金银

不知从什么时候起，黄金似乎已经成为财富的代名词，在东西方经济文化中占有至高无上的地位，以至于在大多数文学描写中，我们都能够寻找到黄金的身影，并看到人们对它的崇拜。

《马可·波罗游记》在西方影响巨大，甚至有历史学家得出结论，欧洲人开启寻找东方的新航路就是受《马可·波罗游记》的影响。在《马可·波罗游记》中，有这样一段记载：

关于选美的程序如下：当挑选大臣到达之日，就命令该地全部的青年女子集合起来，指派适当的人加以考察。他们经过精心的观察后，也就是说将头发、面貌、眉毛、口唇和其他部位以及相互间的搭配一一观察，按照美丽的程度将女子们分为16、17、18、20或21K，K本来是用来衡量黄金成色的，但在这里用来代表美女的等级，最高分为24K。

用黄金的成色单位来代表美女的姿色，从这一件事就可以看出黄金在人们心中的地位以及人们对黄金的认同。

在中国传统小说《水浒传》里，我们也能够找到这样的描写。

刘唐道："晁头领哥哥再三拜上大恩人。得蒙救了性命，宋万、朱贵和俺弟兄7个，共是11个头领。见今山寨里聚集得七八百人，粮食不计其数。因想兄长大恩，无可报答，特使刘唐赍一封书并黄金一百两相谢押司，再去谢那朱都头。"刘唐打开包裹，取出书来，便递予宋江。宋江看罢，便拽起褶子前襟，摸出招文袋。打开包时，刘唐取金放在桌上。

宋江冒着生命危险通风报信，救了晁盖等11人，事后得到晁盖酬谢100两黄金，平均到每个人头上不过10两，可见黄金的价值有多重了。

黄金或者说金银，本身只是贵重金属，除了在现代工业上有一些价值外，在漫长的古代并没有什么实用价值，既不能吃也不能喝，但不妨碍它在人们心中占有极高的地位和社会认同度。究其原因，就是金银可以作为最普适的一般等价物，代表的是可以交换的财富，它们是人类社会公认的货币。

换句话说，金银不能吃不能喝，却能够交换吃喝，金银本身没有实用价值，却能交换有实用价值的东西，这就足够了。那么，金银是如何成为这种具有认同度的一般等价物——货币的呢？

马克思说过一句话："金银天然不是货币，但货币天然是金银。"如果理解了这句话，我们就能够大致理解金银是如何成为货币的了。

"金银天然不是货币"，这句话很好理解，金银出现在人面前时，并不是立即就成为货币的。人类在自然界发掘金银的历史可以追溯很远，但在一开始，人类对于金银的兴趣只停留在它们能够作为装饰或者作为金属器皿，类似于石头、天然金属。所以，纯天然的金银并不是货币。

随着人类社会向前发展，人类对于一般等价物——货币的需求越来越强烈，此时，很多实物货币都相继被淘汰掉，人类社会需要寻找到一种可以跨越地域、跨越国家或部落的货币。

在实物货币之后，人类社会还尝试过一段时间的贱金属货币和特殊货币，如铁币、贝币等，但这些货币的使用范围都非常有限，很难实现大规模的流通。

比如贝币，曾经在一些中原和高山民族中流传，这是因为在这些地域贝壳比较难得，所以可以用来作为交换的媒介，如一个贝壳换两担小麦或一个铜釜。但到了沿海地区，贝壳却变得十分普通，随处可得，在这种情况下，一个生活在沿海的人用随处可以捡到的贝壳就可以换取生活在高山的人辛辛苦苦猎获的动物，这显然是不合理的，所以必然被淘汰掉。

而铁币这种金属货币也必然因为铁的冶炼变得容易而被淘汰

掉。此时，经过检验，人们发现金银是最好的货币。

首先，金银不容易被生产出来，作为贵金属的金银，尤其是黄金，自然储量本就不多，开采难度还非常高，且非常不容易被造假，所以具有极高的识别性和单位价值，这是它们成为货币的第一个条件。

其次，金银很容易携带和储存，金银单位体积小，且极不容易腐坏，可以长时间保存不影响其本身的价值，这是它们成为货币的第二个条件。

最后，金银容易被分割和计量，作为贵金属的金银，本身分割并不困难，而在人类社会向前进步的过程中，金银的计量方法首先被发明了出来，这是它们成为货币的第三个条件。

有了这三个条件，再加上人类社会数千年的习惯，渐渐就奠定了金银在经济体系中不可替代的地位。金银作为货币，不但发挥着一般等价物的作用，更具有财富储藏和财富投资的作用，因此，在金融世界也发挥着极大的作用。对于金银在金融世界作用的研究，我们在以后的章节中还要具体展开。在这里，读者需要记住的是，作为贵金属，金银的货币属性是其发挥作用的本质。

虚拟货币的是与非

金银（或金属）作为货币的历史是非常漫长的，在人类上千年的发展中，货币一直是以金属的形式出现的，如中国的铜钱、南美的银币、欧洲的镍币等，这主要是因为金属容易保存。

但金属货币也有其天然的弊端，最直接的就是重量较大，不容易携带、搬运，且金属开采不易，使得造币成本过高。在这种情况下，人类就需要一种新的货币，它就是纸币。不过，在这里我们还需要提一个概念，那就是作为一般等价物的货币，要怎样才能够让人接受。

唐朝时候，某甲到市场上用2000枚铜钱买了一丈蜀锦，这是典型的财货交易。但问题在于，蜀锦商人为什么肯收他的铜钱然后把蜀锦给他？2000枚铜钱毕竟只是3公斤铜加上7公斤铅而已（中国铜钱并非纯铜，而是铜铅合金）。

某甲可以跟商人说，因为这铜钱是朝廷铸造的，可以拿到别处换任何东西，你用它买粟米也好，用它乘坐舟船也好，大家公认它的价值，商人于是同意了。

但如果某甲拿的不是2000枚铜钱，而是3公斤铜和7公斤铅，他跟商人说："朝廷的铜钱跟我手里这堆金属没有区别，我用这些换你手里的蜀锦吧！"那么商人是一定不会同意的。

这个故事告诉我们，所谓货币，其实就是一个机构（更多的时候是政府）的信誉，货币之所以能够被市场认可，是因为有政府的背书在里面。

而纸币的出现，就是这种政府信誉背书的演化，只有政府承诺纸币是能够兑换成等价金银的，人们才会认可纸币，但如果政府不进行信誉背书，读者可以想一想，你用纸和几克特种墨水，拿到市场上能当100元花吗？

这就是为什么政府能够发行货币，美联储能够发行货币，但你我不能发行货币。这也是为什么美元在全世界能够通行，但津巴布韦的钱却被人当作废纸，因为前者有强大的信誉而后者没有。

了解了这些，我们可以得出一个结论，那就是每个人都能够制造货币（不是制造假币），但问题在于你的货币有没有人认可，你能不能用自己制造的货币买东西。这个结论非常重要，因为我们要用它来分析当下非常热门的问题。

林谷从初中时开始迷恋一款网络游戏，为了购买装备，投入数千元人民币购买了等量的游戏币，但令林谷没有想到的是，游戏经过几次改版，当年与现实货币等值的游戏币迅速贬值，甚至出现打一头怪物就能掉出来几十上百游戏币的情况，论坛中一元钱已经可以买到 1000 游戏币，这让林谷顿感受骗，再玩游戏时的心情都没有以前那么好了。

2009 年，一个名为“中本聪”的人在互联网上提出了比特币的概念，根据他的思路，比特币可以成为未来的货币，开发方式是不依靠特定货币机构发行，它依据特定算法，通过大量的计算产生，并使用密码学的设计来确保货币流通各个环节的安全性。

比特币一经出现，立即在网络世界引起了轰动，很多热衷于网络致富的人迅速投身其中，因为比特币人人都可以制造，没有身份、信誉和技术门槛，因此一时间非常流行，但发展至今，也引发了一系列的问题和讨论。

互联网时代带来了新的技术，让我们的生活丰富多彩的同时，也开启了另一个世界——网络虚拟世界。虚拟世界的出现，让虚拟货币也随之产生。

接触网络的人大多听说过虚拟货币，如我们经常接触到的百度公司的百度币，新浪公司的微币，腾讯公司的 Q 币、Q 点等，这些都是看不见摸不着却能够用来在特定场景交易的一种虚拟货币。

在这些种类繁多的虚拟货币中，我们最为熟悉的应该是Q币了。当年，腾讯正是因为推出了QQ才得以在互联网行业风生水起，时至今日，QQ已经成为很多人网络生活中不可或缺的一部分。

对于数千万的年轻网友来说，在他们的眼中，Q币只不过就是一个能够让他们“眼前一亮”的东西。因为新鲜，所以他们才会对其感兴趣。打开电脑，登录QQ进入虚拟的网络世界，只要你有Q币，你就能够到这个虚拟的世界去消费。

但问题在于，这个Q币能够成为真实的货币吗？说它是货币，它却不能在现实生活中存活；说它不是货币，它却具有货币的属性。说它是商品，可是它又不能吃不能穿，不具有实用性。正因如此，Q币成为一个受人关注的“四不像”。

更重要的是，只有一家公司在为Q币背书，我们使用Q币，都是因为相信腾讯公司。但问题在于，腾讯毕竟只是一家公司而已。就像一位教授说的那样：“我今天使用1元人民币的现金购买了腾讯公司的1个Q币，明天腾讯公司又产生了数万亿的Q币来套现，那么我肯定不会做这样的储值。”

Q币还仅仅是虚拟世界中的虚拟货币，而比特币则更加疯狂。比特币在诞生之初只是为了对抗现有货币体系的网络工具，但是随着近几年的飞速发展已经逐渐成为一种投资甚至是投机的工具。

很多人笃定比特币必将取代传统货币，因此毅然决然地投入到比特币潮流中，为此不惜花光现实货币，而成为比特币世界的富翁，但问题还是一样，比特币有信誉背书吗？

时至今日，世界上有信誉的国家或经济体，还没有一家出来为比特币背书，而在笔者看来，未来也不会有人这样做。那么，比特币的价值何在呢？

对于比特币的疯狂发展，如果它的购买者是真正喜欢这个产品，觉得这个产品有实用功能，那么这就是一个正常的产品。如果投资者或者是购买者的目的并不是使用，而是要把这个产品在短期内以更高的价格卖给下一个受骗者，那么这就是典型的庞氏骗局。

其实虚拟的货币始终都是虚拟的，就连现实中的货币都难以抵抗金融危机的打击，更何况是本来就不存在的虚拟货币呢？所以，对于玩家来说，这些虚拟货币就只能用来玩乐，想要依靠虚拟货币来赚取现实生活中的财富，这个风险很大，那么一旦这个风险泡沫破裂，它也就如同废纸一张了。

撬动金融世界的货币杠杆

一位地主去世了，他的遗产有 19 头牛需要分给三个儿子，根据他临终前留下的遗嘱，他的大儿子可以分得这些牛的五分之一，二儿子可以分得这些牛的四分之一，小儿子可以分得这些牛的二分之一。问题是，19 头牛没法被整除，那么他们应该怎么分呢？

这个问题的解决方法很简单，从邻居家借来 1 头牛，那么这里就有 20 头牛了，大儿子五分之一，就是 4 头，二儿子四分之一，就是 5 头，小儿子二分之一，就是 10 头，4+5+10=19 头，剩下 1 头牵回去还给邻居。

在上面这个题目当中，原本解决不了的问题，因为从邻居家里借来了 1 头牛便迎刃而解了，事后这头牛又返还给了邻居。这头牛，就可以被看作是撬动这个问题的杠杆。

真实的杠杆是物理学层面的，阿基米德用来撬起地球的那个。但我们这里所谓的杠杆，其实是抽象的，也就是能够帮助我们用较小的代价解决较大问题的方法。

杠杆可以用来解决很多问题，当然也包括金融问题。金融杠杆是金融学一个著名的课题，因为它用途广泛，因此对于它的研究也一直是金融学的焦点之一。

金融杠杆，形象来讲就是金融体系的各个参与者通过运用杠杆，用较小的成本撬动巨额的交易量，从而放大收益率，这一举措就叫作“杠杆化”。比如某公司要投资一个 100 万元的项目，但账面上没有足够的现金，只能出资 5 万元。公司可以用自己的固定资产作为担保，融资借款 95 万元。这就是用 5 万元撬动了 100 万元的投资，杠杆率 20 倍。

“杠杆化”使金融资产数额急剧膨胀，于是就会出现甲为乙做担保，乙为丙放贷款，丙为丁重复贷款，丁再用得到的贷款去投资甲的乱象。在杠杆的巨大“力量”下，各个金融机构之间交错的证券投资和质押信贷在无形中乘数化地放大了收益和风险。

在金融世界里应用最广泛的是非货币杠杆魔术。货币杠杆的适用面很广，在不同的背景环境之下，货币杠杆的作用也不尽相同。很多金融学家都将货币杠杆定义为“在制定资本结构决策时对债务筹资的利用”。由此可见，货币杠杆的作用之一就是债务筹资，因而货币杠杆又经常被金融学家称为融资杠杆、资本杠杆或者负债经营，这也正好从侧面强调了货币杠杆是对负债的一种有效利用。

另外，还有一种认识是，货币杠杆是指在筹资中适当举债，企业可以利用这根杠杆调整资本结构给企业带来额外收益。在这个范畴之内，如果一个企业因为负债经营最终使得企业每股利润上升，那么金融学家便称其为“正杠杆”；而相反地，如果一个企业因为负债经营不利最终导致企业每股利润下降，那么人们通常将这样的货币杠杆称为“负杠杆”。

由此可见，货币杠杆对负债经营所产生的结果是不以人的意志为转移的，也就是说，这根货币杠杆是具有一定的风险性的，用好了收益会上涨，用不好反而会加快企业走向灭亡。

我国经济飞速发展，尤其是私营企业创造了巨大的财富，实际上就得益于货币杠杆的作用。

譬如在改革开放初期，很多企业因为资本不足，人力、物力有限，虽然拥有从技术到经验等一系列优势，但很难与国外企业进行竞争。在这种情况下，政府和银行通过经济补助、商业贷款等方式为这些公司解决资金问题，为这些企业的发展提供了足够的资金。

又如某企业注册资金是5000万元，但随着科技研发的需要，公司资金链开始出现断裂，在这种情况下，该公司紧急向政府求助。政府的投入虽然不多，只有800多万元，却帮助企业平稳地度过了财务危险时期。最终随着技术研发成功，新上马的项目不仅给当地带来了数百人的就业机会，而且使得企业的经营规模在几年里翻了数倍，企业利税也上了几个台阶。政府以800万元的货币投入，换来了数十倍、数百倍的收益。

像我国这样的新兴市场国家，因为经济发展迅速，货币需求空间较大，所以必然会大量使用货币杠杆，而这样长久下去，又给经济稳定造成隐患，所以中国金融当前的主题不再是杠杆化，而是去杠杆化。

从大规模使用货币杠杆，到金融去货币杠杆，这其实是一个金融市场走向成熟的标志。金融学家曾经将“去杠杆化”分为五个阶段，并认为一个完善的金融市场，必然是要走完这五个阶段的。

第一阶段是“金融产品的去杠杆化”。金融创新繁荣时期，在众多证券化的资产基础上，产生了大量衍生结构性金融产品，这就是“金融产品的杠杆化”。金融产品去杠杆化，就是减少这种杠杆的产生根源。

第二阶段是“金融机构的去杠杆化”。一段时间以来，不仅投资银行，连商业银行都购买了大量“杠杆化”的金融产品，这就是“金融机构的杠杆化”，这个阶段是为了减少商业银行的风险。

第三阶段是“投资者的去杠杆化”。“金融机构的去杠杆化”大大减弱了金融机构的中介功能。这使那些长期依赖金融机构，获得部分短期资金的各类机构投资者，成了无源之水，从而不得不出售其所持资产来保持足够的现金水平，以备不时之需。

第四阶段是“消费者的去杠杆化”。投资者出售资产，加剧了各类资产价格的缩水并产生负财富效应，消费者所能做的唯一选择，就是增加净储蓄，以缓冲家庭净财富的萎缩，而这只能通过减少举债或提高储蓄率来实现。

第五阶段是“全球经济的去杠杆化”，也被称为“全球化”。面对经济的恶化，各国政府纷纷出台经济政策，在政府层面去除货币杠杆，减少经济的风险。

令人恐慌的国际热钱

每次一提到我国明朝时期，很多人第一印象便是“闭关锁国”

"愚昧封建"。在大部分国人的脑海里，那个朝代的国策就是故步自封，不对外交流，片帆不准下海。但事实真的是这样吗？

大明建国的时候，中国海疆并不寂寞，郑和下西洋之后，虽然中国政府性的对外交往少了很多，但对外贸易却依然十分强大，东亚航线曾经是全世界最繁忙的航线之一，只是到了明朝后期，才被迫闭关锁国的。

至于闭关锁国的原因，懂一点历史的朋友会说是倭寇作乱，但其实并非如此，作乱是有的，但并不是倭寇，而是白银。

黄金和白银是我国古代的货币形态，但很多人不知道，我国并不是银本位国家，而是铜钱国家。这样做的原因是我们贫金贫银，金银储量极少，再加上中国人天生就喜欢储藏金银器皿，所以一直以来我国民间使用的都是铜钱（其实是铜铅合金），银子只作为大额储藏和大额支付之用，本身价值非常高。明朝早期，一两银子可以购买两石米，明朝一石是 57 公斤，也就是一两银子能买 228 斤米。

但是到 15 世纪后期，也就是明朝中期，大航海时代开始了，西方殖民者到了南美洲，发现了巨大的银矿。银矿数量之庞大，两年的产量相当于全世界其他地区的已有储量，如此大量的银矿被发现，那么银子的价格自然就会暴跌，当时银币的价值低到什么程度呢？在南美，一枚银币只能换半根烤玉米。

如此大量而低廉的银币，让欧洲商人看到了生财之道。这个生财之道十分简单粗暴，就是将银子运往遥远的中国。在中国，银子依然是非常值钱的，购买力要提升千倍不止。就这样，在明朝嘉靖皇帝的几十年间，中国涌入的银子数以千吨计，换算成中国计量单位就是 1.5 亿多两。

如此大规模的白银涌入，光是看历史记载就着实令人目瞪口呆。历史学家舒尔茨在其著作《马尼拉大商帆》中记载，西班牙人抱怨："中国商人把从新西班牙（南美洲）运来的白银几乎全部运走了！"英国东印度公司档案记载，该公司一艘商船在中国泉州进港，"没有卖出一件英国货，只是抛出了八万枚西班牙银元"。一位西班牙海军上将则惊叹道："中国国王能用来自秘鲁的银条修建一座宫殿。"

读者可能会认为，银子进入中国是好事情，但要知道，西方的银子当然不是白给中国的，他们是要从中国换走丝绸、瓷器等商品的，按照经济学常识来判断，当商品供不应求、货币供过于求的时候，紧接着的结果必然就是货币贬值、物价上涨。

因此，明朝中后期中国爆发了严重的通货膨胀，货币贬值到 1 石米要 15 两银子，价格比明朝早期上涨了 30 倍。如此严重的通货膨胀，导致了层出不穷的社会问题，明朝政府曾经想过禁止白银流通的各种措施，但纯银和一般货币还不一样，它不需要信用背书，明政府不能告诉百姓只许使用大明的银子而不允许使用外来的银子，毕竟银子都是一样的。在无奈之下，明政府就只能选择最直接的方法——闭关锁国。

大明闭关锁国的行为，按照我们今天的金融学分析，其实就是一种防止国际热钱恶意流入的无奈之举。

国际热钱又称逃避资本，是无特定用途的流动资金，它是为追求最高报酬及最低风险，在国际金融市场上迅速流动的短期投机性资金，最大特点就是短期、套利和投机。国际热钱的出现，往往会形成一个投机的巨大风潮，而在其撤离之后，又往往会留下极大的经济危机。

在明朝，阻挡国际热钱还可以用闭关锁国的方式，毕竟那个时候的国际热钱是有形的金银。但在当代，国际热钱以无形的资本出现，这就让很多国家和政府防不胜防了。

资本是金融最重要的资源，然而对于国际热钱这一笔重大的货币资本，很多国家却避之唯恐不及。因为国际热钱的出现会给本来平稳的金融市场带来巨大的不确定性，而更关键的是，不知道它什么时候会撤离。当它撤离之后，留下来的空缺就只能靠本国货币来填补，如果填补不上，就会发生金融危机。

20 世纪 90 年代初期，当西方发达国家正处于经济衰退中时，东南亚国家的经济却出现奇迹般的增长。不顾当时一片喜悦的景象，国际热钱的大玩家索罗斯察觉到了东南亚经济的隐患——经济过热。

由于经济过热，资本市场问题十分严重，虽然此时各国中央银行采取不断提高银行利率的方法来降低通货膨胀率，但同时这种方法又提供了很多投机的机会，甚至银行本身也加入投机者的行列。这就造成了一个严重的后果，各国银行的短期外债巨增，而一旦外国热钱迅速从各国金融市场流出，就将导致经济指数的大幅跳水。

索罗斯敏锐地察觉到了东南亚经济的这一弱点，他决定出手，而出手的第一个对象就是泰铢。1997 年，索罗斯控制国际热钱大量抛售泰铢，泰国外汇市场立刻波涛汹涌、动荡不安。泰铢一路下滑，短短几天时间里，泰国政府动用了 300 亿美元的外汇储备和 150 亿美元的国际贷款力图挽救局面，然而这 450 亿美元在海量的国际热钱面前显得太过渺小，泰铢迅速崩溃。

之后，索罗斯又将灾难引到了印度尼西亚、菲律宾、缅甸、马来西亚等国家。印尼盾、菲律宾比索、缅甸元、马来西亚林吉特等货币纷纷大幅跳水，一时间经济震荡、企业倒闭、银行破产、人民失业、物价暴涨，整个东南亚陷入一片哀号之中。

索罗斯控制着国际热钱，带给东南亚国家一场彻头彻尾的灾难，让这些国家几十年的经济增长化为灰烬。从此，全世界都记住了索罗斯这个名字，记住了那可怕的国际热钱。

同样是资本，国际间投资可以促进一个地区的经济发展，但国际热钱却拥有如此巨大的破坏力，原因在哪儿呢？我们用一个成语来解释，那就是釜底抽薪。

国际热钱就像是一堆柴火一样，将一个国家的经济烧得热热的，在最热的时候，它却迅速脱身而去，留下的烂摊子就只能由该国自己来收拾了。

举一个最简单的例子，某地的房子本来是 100 万元一套，房价一直以来都很稳定，人人都买得起。这时，大量的热钱涌入该地房地产业，迅速抬高了房价，房价不停上涨，从 100 万元涨到 200 万元，再涨到 300 万元、500 万元……

由于人本身追逐利益的天性，在房价不停上涨的形势下，大多数人自然会将钱投入到房地产业当中，渴望能够靠投机分一杯羹；而另一些人因为对房子有需求，也不得不高价购买房屋。就这样，该地的财富基本上全部都聚集到了房地产业当中。此时，在一个相对较高的价位上，国际热钱忽然撤出，迅速抽空了该地的资本，过热的房地产因为没有后续的资金来源，自然面临崩盘的危险，而此时民众手里除了不断贬值的房地产之外便什么也没有了，因为财富已经被国际热钱以各种形式带走了。

第二课

利率——钱为什么“值钱”

利息：使用资本的代价

利息是金融的重要组成部分，对利息的研究，贯穿整个金融学的始终。当然，我们在这里不必把调子提高到整个金融学的范畴，而是用最简单的方法，帮助读者来理解利息到底是怎么一回事儿。

读者应该了解这样的道理，在经济社会中没有免费的午餐，你吃人家的饭需要付钱，用人家的车需要付钱，穿人家的衣服鞋袜需要付钱，那么用人家的钱，需不需要付钱呢？答案当然是肯定的。

但有些人会疑惑，借用别人的钱又不是不还，到时间把钱还了不就没事了吗？谁也没有损失什么。这个问题其实需要从两方面来看。

第一，别人没有义务借钱给你，如果不给别人一些补偿作为好处，那么别人有什么理由借钱给你呢？他完全可以选择不借。要知道，经济社会是不考虑做慈善的。

第二，别人借钱给你，并不是没有损失。一方面，他损失了金钱的机会成本，所谓机会成本就是他把这笔钱用在别的地方能够获得的收益；另一方面，你不一定保证能还钱，如果你到时间无法还钱，那么他还必须自己承担损失。所以，在借钱给你的时候，他等于是给自己增加了风险，如果没有利益，他是没有必要做这件事的。

基于上面两方面的原因，你在借钱的时候就必须要支付一定的补偿，而这个补偿就是利息。从这个角度理解，利息其实就是你在使用他人资本的时候所必须付出的代价，如果没有这个代价，你是借不到钱的。

这是从借款人的角度来看利息，反过来，我们从资本持有人的角度，还可以将利息看作收益。

钱一过手就要收点油水，这话说起来不好听，但利息的本质确实如此。所以，很多人都觉得银行家赚钱容易，为此感到愤愤不平。

但读者可以想一想，如果没有赚钱这么容易的银行家，没有利息，金融乃至于经济又该怎么运作呢？

一些读者肯定品尝过四处找人借钱的滋味，那种低声下气、低眉顺眼的感觉恐怕是不好受吧？再说，即便如此低声下气也未必能借到钱，当你借不到钱的时候怎么办？你希望有一个人或者机构能够向你伸出援手，哪怕是需要你承担一定的损失也好，你宁愿付一点利息出去。那么这样一思考，银行就不再是吸血鬼而成为慈善家了。

再加上有很多人往往需要大笔的钱，比如买房、创业、资金周转，这么大笔的钱自己筹集不到的话，付出一定的代价找金融机构去借往往是最好的选择。如果没有利息，摒弃掉一切金融机构，那么剩下的便只有空看着房子、创业机会傻眼。

所以说，利息并不是一个坏东西，相反，利息的出现给金融借贷之间架起了一座桥梁。没有利息，就没有借贷，而没有借贷，经济该如何发展，你该如何买房买车、创业投资呢？

最后，让我们再回到金融学的角度，总结一下利息之所以存在的原因：

第一，资金的分配不均。有些人有多余的钱，而有些人需要用钱，因此产生了借贷关系，借贷关系必然导致出现利息。

第二，延迟消费。当资本持有人把金钱借出，就等于延迟了对消费品的消费。根据时间偏好原则，消费者会偏好现时的商品多于未来的商品，因此在自由市场会出现正利率。

第三，预期的通胀。大部分经济会出现通货膨胀，代表一个数量的金钱，在未来可购买的商品会比现在少。因此，借款人须向资本持有人补偿此段期间的损失。

第四，代替性投资。资本持有人有选择地把金钱放在其他投资上。由于机会成本，资本持有人把金钱借出，等于放弃了其他投资的可能回报。借款人须与其他投资竞争这笔资金。

第五，风险和流动性偏好。借款人随时有破产、潜逃或欠债不还的风险，资产持有人须收取额外的金钱，以保证出现这些情况后，仍可获得补偿。与此同时，人会偏好其资金或资源可随时供应立即交易，而不是需要时间或金钱才可取回。

综上所述，利息就是使用资本的代价，正是因为有代价存在，才使得资本能够为人所使用，所以抱怨资本利息是说不通的。只要利息在一个符合法律和道德的范围之内，那么它带给我们的利益就远远大于因它而产生的社会问题。

让财富滚雪球的法宝——复利

“甭管叫什么账，反正我还没听说过天下有这么难还的账。如果我没记错的话，大概从我记事儿那天起，杨大伯每年一到年底就张罗着还账，眼瞅着还了十几年的账，不但没有还清，反而弄得连年都过不去了，这到底是为什么呀？还有，杨大伯爷儿俩一向省吃俭用，有时病倒了连药都舍不得买，我不信他们家还会有什么不该有的支出。”

张二婶看儿子实在不懂，只好说出问题的根源：“你知道啥叫‘利滚利’吗？”

“这谁不知道？就是把利钱变成本钱，然后打着滚地坑害穷人呗。”

“说得没错，可是黄世仁坑害咱穷人，比‘利滚利’的法子还黑呢。”

“那他又使什么坏了？”

“说来真让人气炸肚皮。黄世仁的那个狗腿子穆仁智为了讨主子的欢心，欺负你杨大伯为人忠厚老实又不认字，不光把利钱当成本钱翻来覆去地坑害他，还昧着良心把欠账的期限改了又改。结果七算八算，一年下来，你杨大伯欠他黄家的账不光减少不了一分一文，反而比上一年又增加了很多。你说，这账能还清吗？”

王大春听了，气得火冒三丈：“这个丧尽天良的黄世仁……”

上面这段对话，出自著名戏剧《白毛女》，剧中地主黄世仁用“利滚利”的方式盘剥穷人，曾经引得无数观众愤慨。

关于“利滚利”是什么，戏剧讲得并不十分清楚，但总的来说，给人一种滚雪球的感觉，本金加利息越滚越多，最终就形成了一个天文数字。

其实，利滚利在金融学中叫作复利。所谓复利，指的是利率与本金共同计算，逐渐增加计算本金的一种利率形式。在金融领域，复利本无所谓好坏，但因为复利的增长速度要远远高于普通利率，所以留给人们一种滚雪球的印象。而著名的股神巴菲特，也将其对投资的研究书籍命名为《滚雪球》，由此可见复利的巨大力量。

巴菲特曾对复利有过如此的形容：复利有点像从山上滚雪球，最开始时雪球很小，但是往下滚的时间足够长，而且雪球黏得适当紧，最后雪球会很大很大。

关于复利的强大力量，我们可以用下面这个旅鼠故事来做个参照：

旅鼠是一种极普通、可爱的哺乳类的小动物，常年居住在北极，体形椭圆，四肢短小，比普通家鼠要小一些，最大只能长到15厘米，尾巴粗短，耳朵很小，两眼闪着胆怯的光芒。爱斯基摩人称其为来自天空的动物，而斯堪的纳维亚的农民则直接称之为“天鼠”。这是因为，在特定的年头，它们的数量会大增，就像是天兵天将突然而至。

第八代280000对旅鼠

第一代1对旅鼠

旅鼠一年可繁殖七八次，每次产生幼崽20只左右，而幼崽出生20天左右就又能繁殖，我们用代数推导，一对旅鼠在其后代没有死亡的情况下，一年时间内可以繁殖出160多万只后代。而在北欧寒冷地区，本来食物就非常缺乏，当旅鼠繁殖过多的时候，这个地区的食物就被它们吃光了。没吃的，它们只能向外迁徙，开始成群结队地旅行，寻找新的食物来源，旅鼠由此得名。

美国的开国者之一富兰克林曾说过：“复利这块神奇的石头能够把铅变成金子……记住，金钱是会增值的，钱能生钱，钱能生更多的钱。”

摩根集团的创始者乔治·摩根也曾用这样一个生动的例子来描述复利的伟大力量：“如果你新设一家公司，只发行100股，每股10美元，那么公司的净资产就有1000美元。而一年以后，假设公司的利润是200美元，那么你这家公司的净资产收益率就是20%。然后，你将这些利润再投入公司的经营当中，这时第一年年底公司的净资产为 1200 美元。第二年公司的净资产收益率仍为 20%，这样到第二年年底公司的净资产为 1420 美元。如此运作 79 年，那么 1000 美元的原始投资最终将变成 1.8 亿美元的净资产。"而摩根集团正是凭借时间和复利形成了今天这个金融业的巨无霸。

复利有如此巨大的力量，到底是好是坏呢？客观来讲，无所谓好坏。如果借款的时候，借款人承担复利，感觉他是受到了盘剥。但作为投资者或创业者，如果能够获得复利回报，那他肯定也觉得自己获得了最佳的投资项目。

所以，作为一种金融现象，复利本身没有好与坏，关键是如何能够让复利为你效力。想要做到这一点，你就必须弄明白，要怎么样做才能够实现复利。

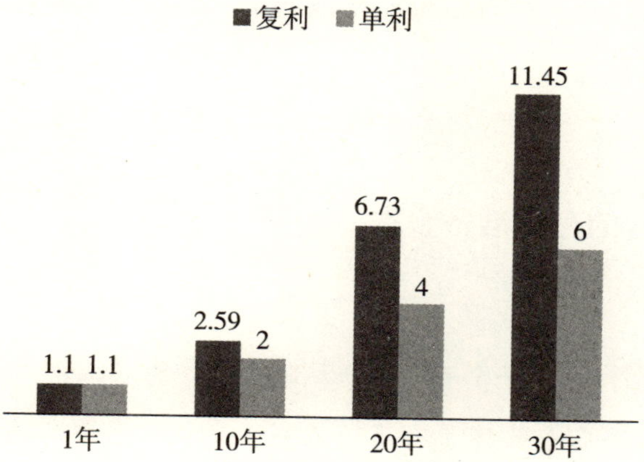

10%利息的复利与单利

实现复利要保持三个原则：

第一，尽早投资。因为时间越长，复利累进效应就越大。要利用这种效应，就应该尽早地进行投资，而且越早越好。我们很多人认为投资是有钱人才能进行的"游戏"，其实不然，很多的投资者就是从每月工资的剩余部分开始投资生涯的。2009 年有媒体曾经报道过某单位的普通职工十年来总是将工资的十分之一放入股市中，结果十年时间成为百万富翁。我们应该向这位聪明的投资者学习，从工资余额开始制订投资理财计划。

第二，要保持持续稳定的收益率。复利累进原理告诉我们，保持一个稳定的常年收益率，假以时日，就能够投资致富。那么我们为自己制定多少收益率合适呢？我们知道“股神”的收益率为22.4%，这个世界上很少有人比巴菲特还厉害，因此将自己的目标设定在10%左右是比较理想的。

第三，尽量不要出现大额亏损。复利的收益只有连续计算才有神奇的效应，在此期间，如果有一两年收益平平还不要紧，但如果出现连续严重的亏损，那就很容易打乱复利累积的节奏，这样不但会使你前功尽弃，而且很可能将以前赚到的钱再赔进去，让多年的累积化为乌有。

影响每个人的存款准备金率

小张是中关村一个IT男，毕业之后作为“北漂”在北京奋斗了七八年，现在手头终于有了一笔钱，听说国家最近有去库存的意向，于是决定凑够首付去买一栋房子，也算是在北京安家了。但到房地产公司一打听才知道，自己要贷款买房还要多交一成首付，原因是国家上调了银行存款准备金率，银行放贷更谨慎了。

周师傅是北京市昌平区一家汽摩配件公司的老板，上个月因为债务到期的问题十分头疼，如果是在以前，他可以毫不犹豫地去银行贷款，但是当他急需向银行贷款800万元时，却因为受到银行存款准备金率一再上调的影响被拒绝了。为了回笼资金，周老板只得忍痛割爱，紧急出售两年前投资的房产。

周师傅和小张的社会身份不同，但他们遭遇了同一个问题，存款准备金率上调。存款准备金是一个金融领域之外的人士很少能够接触到的词汇，但因为它直接关系到银行的信贷政策，所以可能影响到我们每个人的生活。

读者应该知道，你能够从银行里贷款是因为银行有钱可贷给你，那是不是银行有多少钱就能贷给你多少呢？这个问题没那么简单。

如果你自己一个人贷款，那么无论是10万元、100万元、1000万元还是1亿元，银行都没有太大的负担，但这个社会上有千千万万个你，这么多需要贷款的人加在一起，银行就要面临一定的风险了。银行最大的风险有两个：第一，钱都贷出去了，万一存钱的人都来取钱怎么办？第二，贷出去那么多钱，万一有收不回来的怎么办？

为了解决这些问题，银行需要给自己买一个保险，但保险公司再大，也不可能比银行更有钱，所以最大的保险还是银行本身，那就是自己存一大笔钱不动，无论如何也不往外掏，以备不时之需。

但银行毕竟是信贷机构，有钱给它赚很难让它主动说“不”，这个时候怎么办呢？只能由政府来掌控了。所以，政府要求银行拿一大笔钱出来，放在中央银行里面，因为政府是不会垮的，所以银行有什么问题，政府都可以动用这笔钱来弥补，而这笔钱就是存款准备金。

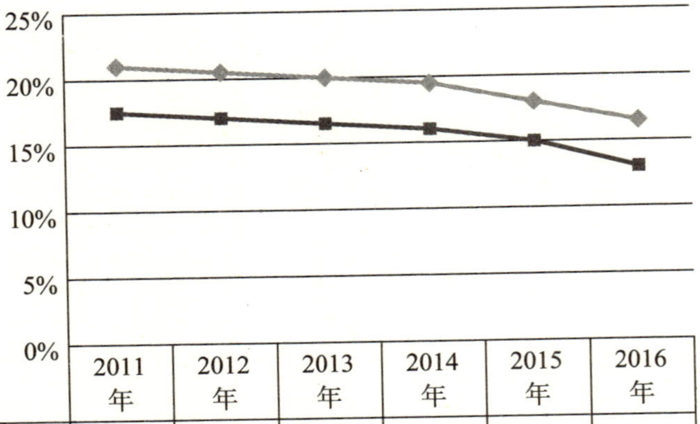

	2011年	2012年	2013年	2014年	2015年	2016年
大金融机构	21%	21%	20%	19.50%	18%	16.50%
小金融机构	17.50%	17%	16.50%	16%	15.00%	13%

央行历次下调存款准备金率

讲到这里，读者应该明白了，所谓的存款准备金，就是政府找银行要的“押金”，防止银行“跑路”。

有了这笔“押金”，政府也就掌握了银行的命门，可以对银行进行调控。举个例子，政府规定银行存款准备金是存款总额的10%，假设银行吸收了10亿元储蓄，那么存款准备金就是1个亿，银行还有9个亿，如果银行的信贷规模是8.5个亿，那么实际上还有富余。但政府突然规定上调存款准备金到20%，那么银行手里就只剩下8个亿了，而信贷规模还是8.5个亿，银行就要缩减信贷规模，否则就只能吸收更多储蓄。

自从房地产市场过热之后，我国中央银行已经连续数次上调存款准备金率，这种高频率是此前很少见到的。正是因为受到的存贷比的考核压力过大，近些年有不少的银行纷纷展开攻势加入到群雄逐鹿中原的“揽储战”之中。

当所有银行都在为揽储四处奔波的时候，某银行信贷的业务经理就带着无比疲倦的神情表示：“为了拉到存款，这些天我的两条腿都快跑断了，从来都没有如此忙碌过，简直就像是急于借钱还贷一样。银行还有为没钱发愁的时候，说出去谁信啊！可事实确实如此。”

为了能够拉到更多的存储客户，银行方面的工作人员也是能打的电话都打了，以前是等着客户上门，现在整天的工作基本上就是打电话和拜访，求人存款都求到上门了。为了保证每月的全额薪水和年底奖金，几乎所有银行的业务经理都不得不发动身边所有亲戚、同学等一切可以发动的人到自己所在的银行存款。

业务员忙着，银行的老板也没闲着，为了稳住大客户，各大银行纷纷推出送礼活动，所送的礼品也是绝不吝啬，小客户送油送米，大客户送榨汁机、空气加湿器、手机，甚至还有一些银行直接送出金币。

在这期间，就有这样一个老板，他有一家私人企业，在一家银行里一共存了 100 万元，一年下来除了平时所能够获得的不小的一笔利息之外，最后甚至还能够获得 6000 元的返点，而这无疑就是银行发给客户的红包了。

各大银行之所以不惜一切代价参与到“储蓄风暴”之中的最重要原因，是被国家上调存款准备金率这一举措给逼上了“绝路”，那么政府为什么无缘无故地非要与各大银行过不去，一再上调存款准备金率呢？

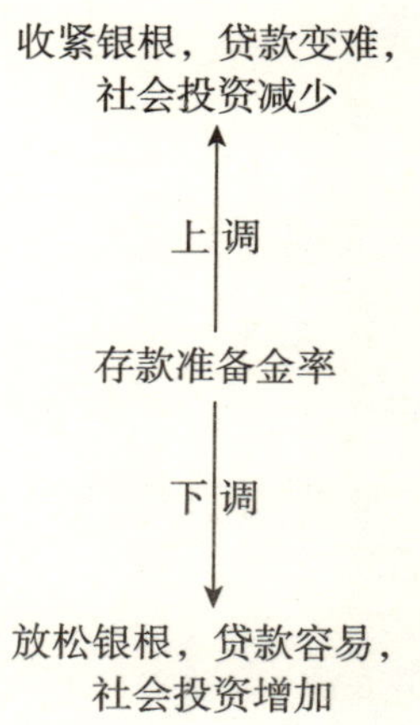

政府之所以如此痛下狠招当然也是有其道理的。政府通过调整存款准备金率，可以影响金融机构的信贷扩张能力，也就是说能够以此控制市场上的货币供应量，就当前的经济状况而言就是抑制通货膨胀。

当然，政府的这种行为虽然会对国家经济起到一定的调控作用，但是当这项任务分到各大银行的时候，对于各大银行来说可就不是一件好事了。政府所要求上交的这一部分是风险准备金，不能够用于发放贷款。

政府一再上调存款准备金率就意味着银行能够用于放贷的钱将会越来越少，而这对于我们的影响就是，贷款也会变得越来越难。

利率调整，中央银行的市场指挥棒

2016 年 3 月，中国新年刚刚过去，全球经济突然迎来一场巨大震荡——美联储宣布加息。所谓加息，就是增加美元利息率，这个消息一出，立即引来全球一片骂声，全球金融界纷纷声讨，美联储这是又在害人了。

为什么美元加息会给全球带来这么大的骚动呢？这个问题我们在后面会详细展开，这里先简单介绍一下。大致的思路是：美元是全球性货币，美联储加息代表着美元资本上涨，美元开始向美国回流，美国经济本来已经吸引大量的资本复苏，而世界经济因为美元逆向流出，转而更不容易走出危机的泥潭，好不容易复苏的世界经济再次陷入停顿当中。

美联储加息是不是真的想“祸害”世界我们暂且不议，但从美国的角度，作为美国中央银行的美联储加息，自然是有其道理的。

加息是中央银行通过金融机构控制经济的重要手段，最简单的模型是：银行加息—储蓄增加，那么一些收益低下的投资项目就会因为无法筹资而退出市场，过热的经济就会降温；银行降息—储蓄减少，大量资本进入投资市场变成游资，投资者获得资本就会变得容易，市场经济就会升温。

在这个模型之上，还可以加入各种各样复杂的因素，在此不再逐一解释。总而言之，通过利率调整对经济进行干预，实际上已经成为中央银行指导和调控经济的重要手段，而将这一手段运用得最为熟练的，莫过于美联储前任主席犹太人格林斯潘了。

1988 年 1 月，美国爆发了严重的金融问题，此时格林斯潘临危受命，临时接手了前任美联储主席的烂摊子。当时的金融世界可以说是早已经风雨飘摇，在格林斯潘上任之前，早在 1987 年的时候美国股市就发生了恐怖的“黑色星期一”。当时在美国的很多投资者都在一夜之间从天堂跌入地狱，千万亿万富翁也在一夜之间沦为乞丐甚至负债累累，不少人都绝望地自杀了，一时之间金融江湖风雨飘摇。

而就是在这样的环境下，格林斯潘接下了这个重担，面对不断袭来的风暴雷雨，他冷静出招，第一招就是放松银根。所谓放松银根是为了阻止经济衰退，在增加信贷供给的同时降低贷款利率，以此来达到增加投资的目的，恢复衰退的经济。而这也是利率调整这根指挥棒的一种能力所在，即央行通过减息、降低存款准备金率等一系列的措施鼓励人们向银行贷款，以此来增加流动资金，从而在一定程度上起到刺激经济增长的作用。

格林斯潘此招一出，很快起到了中止股市继续恶性发展的作用，他用手中的这根指挥棒指挥着美国这艘快要撞上冰山的大船逐渐回到安全的航线上，避免了美国金融市场的沉船灾难。

在格林斯潘的指挥下，美国经济在起起浮浮的大海中经历过两次衰退、一次股市泡沫，最终迎来了一次历史上最长的经济增长期，而这一切都要归功于格林斯潘这个绝佳的指挥者。并不是说任何人拿到指挥棒都能够做出一番惊天动地的事业，屠龙刀谁都可以拥有，但是真正能够将屠龙刀的神力发挥得淋漓尽致的并没有几个人。在金融业内也是一样，金融市场就是相互厮杀的江湖战场，只有灵活地运用利率政策，才能够创造出一个辉煌的经济繁荣期。在格林斯潘任职的30年时间里，他正是凭借着灵活运用“利率”这个撒手锏，才得以通过利率对经济进行微调，将手中的指挥棒运用到了极致。

2001年，美国金融市场再一次遭受重创，网络泡沫破灭、恐怖分子袭击美国，一时之间刚刚恢复元气的美国经济再一次被一只无形的魔爪推入了地狱般的低谷之中。在当时，美国很多悲观论者都认为时至今日，美国经济再也不会有重生的机会了，遭受了此次重创，美国经济一定难以摆脱负增长的魔域。

但是，谁都没有想到，可以说是老江湖的格林斯潘却在此后短短一年的时间里就将美国的利率从6.5%降至1.75%，通过此招来刺激美国经济的增长。很快，格林斯潘的招数就起到了作用，在一年的时间里，美国经济飞速增长到了3.5%，这在当时不得不说是一个奇迹。从那时起，金融界便将利率调整政策称为“格林斯潘的‘魔棒’”，以此来向这位智勇双全的江湖盟主致敬。

美国金融界的有识之士，通过利率调整的方式，对经济进行干预，几次让美国经济转危为安。那么，利率调整并不是只有美国才拥有的特权，每个国家都可以使用这个指挥棒，我们中国也是一样。

其实，一直以来我国都没有停止挥动手中的这根金融指挥棒，基本上从 1993 年开始，我国银行利率调整的步伐就没有停止过。在此后十几年的时间里，我国利率调整的步伐有快有慢，就是为了应对国内和国际经济形势的变化。而从我国这十几年金融市场的相对稳定形势来看，我国的宏观调控手段确实在逐渐走向成熟。

与此同时，我国中央银行的货币政策也正在渐趋稳健，这说明我国央行应用利率调整这一“魔棒”已经到了收放自如的境界。这一点，也使得我们免于遭受像美国那样大起大落的金融危机，从这一点上来说，我们比美国人幸福。

利率市场化的“罪与罚”

2001 年，中国加入世界贸易组织，仿佛一夜之间中国就打开了经济国门，我们也融入到了全球经济一体化的大圈子当中。时至今日，仍然有很多国家诟病中国的市场经济地位，很多国家仍然对中国颇有微词，而最能够当作他们话柄的，便是利率市场化。

什么是利率市场化呢？最简单的说法便是：利率由市场决定。金融学的解释为，利率市场化由三个部分组成：

第一，利率水平的高低由市场供求关系决定；第二，形成一个以中央银行利率为核心、货币市场利率为中介、由市场供求决定存贷款利率的体系；第三，中央银行作为利率调节的主体。

关于这三点，中国在2016年之前做得确实还不是很到位，有些国家借以诟病也并非鸡蛋里挑骨头。那么这看似很简单的三点，为什么政府一直做不好呢？这当中原因有很多，最重要的原因就是为了保证我们中国的金融自主权。

资本和空气一样，是没有国界限制的，国家可以对本国金融进行调控，但却无法阻挡资本的自由流动。如明清那样的专制王朝，尚且无法阻止白银流入和流出损坏本国经济，在现在这个全球一体化的互联网时代，国家就更没有办法阻止资本的自由流动了。

那么，为了保障本国经济不受资本自由流动的损害，就必然要做一些防护措施，最直接的方法就是控制利率市场。

A国只有5000户人家，是典型的小国寡民经济，A国人一直过着安居乐业的日子，人人安分守己、勤劳善良。摊煎饼的摊煎饼，开出租的开出租，每个人都很快乐。

这时，突然从国外进入大量的游动资本，资本进入，在A国进行疯狂的消费。原来煎饼一元钱一个，但资本涌入，大量购买煎饼，很多人买不到煎饼，只好出高价格，一元钱一个变成十元钱一个。摊煎饼的赚了钱，也开始消费，出门能走路的也不走路了，上个公厕都要打出租，出租车的价格也上涨了……资本价格上涨导致的另一个问题是，赚钱变得容易了，所以很多人变得懒惰了，社会问题频发。此时，国际资本突然撤走了，A国又回到了原来的样子，但经济却再也恢复不了了。

为了解决这个问题，A国政府下令对资本进行管控，资本通过银行和投资机构进入A国，A国便对市场利息率进行限定，限制过高的利息，这样资本无利可图，热钱蜂拥而至的现象就减少了。

从上面这个简单的故事里，读者应该可以看到，政府监管利率实际上是一种没有办法的办法，但在当代社会，这种政府行为已经严重阻碍了经济的发展，所以才出现全世界要求中国搞利率市场化的呼声。

当然，爱国的读者可能觉得，既然利率市场化对中国有如此大的伤害，那么不要管西方国家怎么说，我们坚持住就可以了，但道理不是这样的。政府监管利率有碍国际观瞻。利率市场化虽然有问题，但对于整体经济也有着极大的促进作用，这种促进作用主要表现在：

第一，市场将在资本配置中发挥决定性的作用，这会让资本配置更加合理。

市场金融机构将拥有更大的价格调整自由度，借贷风险与贷款利率得以更好地匹配；市场利率调节资金的需求与供给，并给予企业以降低资金风险、提高经营质量的激励。同时，作为金融市场的基础性组成部分，货币市场定价机制的完善为债券等资本市场定价提供参考。

第二，资本账户全面开放，人民币国际化更加便利。

利率市场化加上浮动汇率，能够为资本市场的开放，以及推行人民币国际化奠定基础。过往资本开放倒逼金融体系改革及成熟的尝试，不仅带来了资本市场套利、虚假贸易等实际问题，也增加了我国经济遭遇经济波动传染、国际热钱冲击的风险。构建较为成熟的国内金融市场，在实践中完善经济体系，有利于帮助经济抵御外资风险，从长远的角度看，是有利于经济发展的。

基于这两方面的好处，我们需要做的是预测利率市场化中可能出现的问题并提前做好准备，当时机成熟之时，正式开发利率市场化。

2016 年，中国经济高层人士在不同场合都表示，中国利率市场化的准备已经完成，中国已经逐步开始了利率市场化的改革，而在未来，这一改革将会更加明显地作用于我国经济发展。

与西方国家相比，我国是利率市场化相对较晚的国家，另外，我国与西方资本主义国家不同，是社会主义国家，所以我国的金融市场有着不同于资本主义市场的特点，而从这一点来说，我国还需要在借鉴发达国家市场经验的同时探索出一条属于自己的利率市场化道路。

第三课

信贷——经济学是怎么发挥作用的

社会越发达，个人信用越重要

最近几年，越来越多的美剧开始出现在中国的视频网站上，让中国观众在领略美国文化的同时，也了解了很多美国人的日常生活。

很多读者在看现代美剧的时候，可能会注意到这样一个现象，那就是美国人在买东西的时候喜欢刷信用卡，而他们在刷卡的时候，是不用密码的，这着实让人惊奇。

《老友记》里，钱德勒连买张球票都要刷信用卡；《生活大爆炸》里，谢尔顿买电脑、买装备、买漫画用的都是信用卡，只有在跟“黑社会”买液氮的时候才用现金；《新闻直播间》里，尼尔更是用老板威尔的信用卡买了一台电脑，连签名都不用。

信用卡在美国就这么简单吗？难道美国银行或金融机构就不怕信用卡欺诈吗？答案是不怕。在美国这样的发达国家，信用卡代表着一个人的信誉，一般来说信用卡被盗刷的概率要远远大于被恶意投资。如果发生盗刷，联邦执法机构会很快破案；而恶意违背个人信用，则是一件很严重的事情，很少有人敢于那样做。

所谓的信用卡，说到底是一种个人信用的代表，刷信用卡代表着你承诺自己可以负担这项支出，而由发卡机构先行垫付。在发达的社会中，这种以信用担保自己的现象非常普遍，这是经济发展的必然趋势。

举个例子，一个信誉很好的大学教授到一个陌生的城市，不小心把钱包弄丢了，他身无分文、无处落脚，此时，他来到这个城市的豪华酒店，想要在这里先住几晚，等以后再将房费返还。

如果是一个经济不发达的社会，这种事情多半会被拒绝，但在经济发达的社会，难道仅仅因为这位教授当下身无分文就拒绝他的消费吗？这无论对于酒店还是对于教授都是很不合理的。于是就出现了金融机构给教授做担保，金融机构了解教授的个人信誉，相信教授不会拖欠房费，而有了金融机构的担保，酒店就可以放心地把房间开给教授，教授则找到了落脚之处。

这样的结果，就是一个三赢的结局，教授获得了落脚之地，酒店租出了房间，而金融机构因为担保成为教授储蓄和消费的中介机构。由此可见，信誉消费对于社会金融以及社会经济，确实具有极大的正面意义。有人曾经说，信用是“现代市场经济的生命”，这种说法一点都没错。社会越发达，个人信用就越重要。因为在发达的社会中，用到个人信用的地方是比较多的。

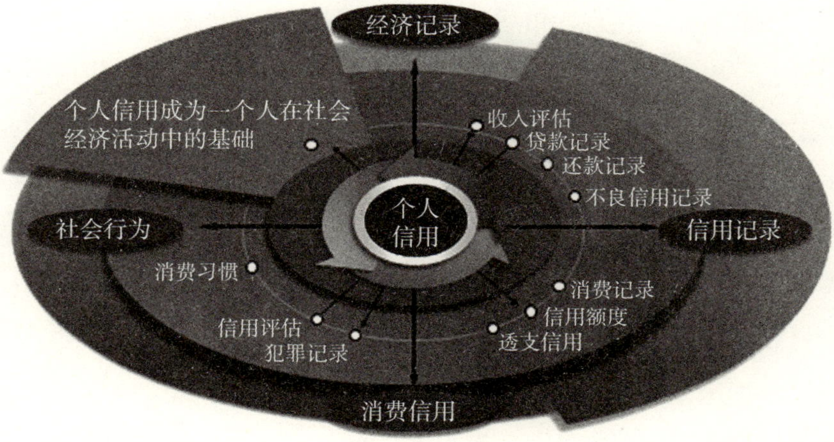

个人信用影响因素图

很多人使用电子化交易比较频繁，网上购物、网上转账和网上缴费等已经不足为奇。而这一切活动的前提便是对方有良好的个人信用记录。试想一下，假如对方是一位个人信用不可靠的人，那么我们是不会通过网络在对方的店铺买东西的。

如今，网购之所以这么受人青睐，最主要的一个原因就是网购在个人信用方面有一定的保证。比如淘宝商城，如果没有支付宝，那么它的用户一定不会像现在这么多。支付宝是商家与买家之间的第三方监控平台，一旦出现信用问题，第三方平台就会在一定程度上挽救双方的损失。

支付宝出现之后，信用问题得到了一定程度的解决。在买家和卖家交易的过程中，支付宝充当中介。如果买家看中了一件商品，可以先将钱打到支付宝，等收到商品觉得满意之后再确认收货，如此一来商家就可以收到货款。对于卖家来讲，支付宝的信用保障作用也是一样的。

由此可见，在现代市场的模式下，信用问题已经成为人们关注的要点。很多人在准备购房申请贷款的时候，被银行告知信用卡还款逾期多次，信用记录不良，拒绝发放贷款。这就是个人信用的初步发展。

事实上，不管是申请信用卡还是申请贷款，银行都会查看申请人的个人信用记录，了解申请人的信用情况。个人信用在这个时候俨然成为每个人的“经济身份证”或是“经济通行证”。

根据国家最新出台的《征信业管理条例》，个人应当重视并定期关注自己的信用记录。信用报告是个人信用信息的历史记录，属于客观记录，它能够为个人今后的信贷行为积累一定的价值。事实确实如此，很多人虽然知道个人信用的重要性，却不知道该怎么去建立自己的信用，该如何积累自己的信用价值。

其实，累积个人信用是有一定的方法和技巧的。向银行“借钱”是个人建立信用记录的方式，对于一般消费者来讲，贷款和办信用卡是向银行“借钱”的最常见方式。而合理用卡，则是积累个人信用的最有效途径。

据银行内部人员消息，提升个人信用度主要是通过在当前信用额度下，最大限度地增加刷卡次数，并在多家商户、多个消费领域使用信用卡消费，这是提高信用度的最有效方式。了解了个人信用累积的方法，在累积信用方面就可以有所准备了。

与此同时，国家也表示了对个人信用方面的重视。2015 年 1 月，央行发放了首批个人征信牌照，其主要目的就是发展社会征信机构，使其做好个人信用方面的工作。个人征信业，是收集个人信用信息、提供个人征信服务的行业。对于老百姓而言，央行发放个人征信牌照，其实表示在未来个人信用会越来越透明，个人信用也会在日常生活中具有越来越重要的地位。而这，正是我们在当前社会需要重视的。

次贷危机，信用崩溃的骨牌效应

2007年，一场席卷全球的金融危机爆发，这场金融危机的肇始国就是美国，根源是美国长期以来忽略的次贷问题，在金融市场集中爆发，因此这场危机又被称为次贷危机。

次贷危机，说到底是信用崩溃的骨牌式效应。信用经济是一个社会是否发达的标志之一。事实上，美国人购买大宗消费品很少会使用全款购买，通常是选择长时间贷款的方式来消费。

但是，我们也知道，美国的失业和再就业是常见的现象，因此，有一部分人会出现收入不稳定甚至零收入的状况，另外这些人的信用等级达不到标准，就不能到银行去贷款。这个时候，对于他们来讲，购买大宗消费品尤其是房子就成了一大难题。很快，金融市场的另外一部分人就为他们解决了这个问题。

在次贷危机前的美国，我们能够看到类似这样的宣传：

“你的美国梦，首先要拥有一栋属于自己的房子！”

“收入不多？积蓄不够？没关系，去贷款吧！”

“首付付不起？别担心，我们给您提供零首付！”

“担心利息过高？没必要，前两年我们给您提供3%的优惠利率！”

“每个月的还款承担不起？没关系，前两年您只需支付利息就行，贷款的本金您只需在两年之后再付！”

“两年后还付不起？那就更没有必要担心了。看看如今的房市，您只要随手一转卖，就可以大赚一笔！”

在一个消费至上的国家，这样的诱惑又有谁能抵挡得住？因此，很多美国公民毫不犹豫地加入到了贷款买房的大军之中。

但是，贷款公司把钱贷出去了，能否按时收回来呢？这成了所有人都疑惑的问题。贷款机构自然是早就做好准备了，它们找到了其他的一些金融机构来和自己一起分担风险，譬如，美国经济界的带头大哥投行。

投行又通过发行债券，帮助房屋贷款的持有人来分担一定的风险。投行为了分散风险，又找到在“全世界金融街买空卖多”的对冲基金，于是对冲基金找到利率最低的银行借钱买入很大一部分的债券。投行的风险小了，那么做次级贷款的金融机构的风险也小了。于是，在美国，一时间出现了根本就没有还不起房款的现象，房地产市场开始进入“繁荣”的阶段。

回过头来，房市的“繁荣”发展，让贷款公司和投行以及对冲基金又赚得盆满钵满。于是，为了得到更多的好处，一些金融机构又相继推出了各种养老基金、教育基金和各种理财产品等。因此，在这段时间，不仅房市呈现“繁荣发展”的局面，就连金融机构的发展也表现得欣欣向荣。

然而，房市的“虚假繁荣”最终还是被揭开了真面目。2006年年底，风光了近5年时间的美国房市终于从顶峰摔了下来，由于房价的下跌，一系列的食物链也开始断裂。在优惠贷款利率到了期限之后，先是一些普通的民众无法偿还贷款，紧接着那些负责次级贷款的金融机构或者贷款公司纷纷倒闭，之后对冲基金大幅亏损，继而保险公司和一些银行也受到连累。美国花旗银行、摩根银行相继发布巨额亏损报告，与此同时，投资对冲基金的各大投资银行也纷纷发布亏损，紧接着股市大跌、民众亏钱，无法偿还房贷的人越来越多。由房市的“虚假繁荣”引起的次贷危机，最终爆发。

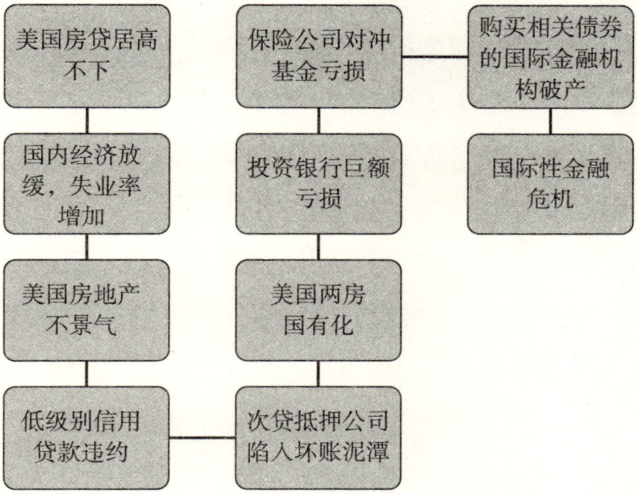

次贷危机如果仅仅是美国一国的问题，那倒也无所谓。但问题在于，美国通过美元影响着全球经济，那么次贷危机就难免将这种影响扩散到全世界，因此我们看到，次贷危机在几个月的时间里，就在世界范围内掀起了滔天巨浪，全球绝大多数金融机构都受到影响，世界各国经济顿时陷入一片混乱当中。

这种活水外流的做法，让全世界都无法分开，一时间骂声一片，世界各国都开始声讨美国。但在声讨声中，美国已经开始慢慢重建自己的经济和信誉体系，作为经济巨头，美国经济的根基并没有动摇，所以到了今天，美国已经差不多恢复到了次贷危机之前的经济发展水平。但可怜的是，世界其他国家没有美国那么强大的经济基础，所以直到今天，很多国家仍然处在次贷危机的震荡当中。

美国的次贷危机给我们提了一个醒，那就是信用经济在提升经济效率、提升社会发展水平的同时，也埋下了深深的隐患，如果掌控不好，很容易因为信用体系的崩溃而导致整个金融市场以及国民经济的紊乱。

信用在给人民带来便利的同时，也给金融市场带来了一定的风险。毕竟，贷款机构对信用的把握是不可预见的，尤其是信用被过分市场化，产生了很多虚假的信用之后，就难免出现像“次级贷款者”这样的“吹气球”现象。而当气球被扎破之后，随之而来的一定是一连串的爆炸。

从这个角度讲，我国发展信用经济体系，除了要立足本国国情发展之外，还要吸取美国的教训，不重蹈美国的覆辙。信用，是信贷经济的一个发展要素，信用崩溃了，信贷经济自然就没有发展可言。

关乎个人“钱途”的失信记录

信用代表着一个人所能承担的经济能力，如果一个人的信用有问题，那么就意味着他的经济责任和经济能力有问题。对于一个经济责任和经济能力有问题的人，与他进行经济往来需要承担额外的风险，因此也就必须要在金钱上加以补偿，所以说，信用关乎每一个人的“钱途”。

信用和金钱的问题，说通俗一点，就是商业机构肯不肯相信你的问题。

信用好，商业机构说：“我可以信任你，咱们好借好还，以后经常合作！”

信用不好，商业机构说：“我不怎么相信你，但我还想从你身上赚钱，这样吧，你比信用好的多支付一些，咱们先合作试试，以后如果合作得好了再说！”

你信用破产，商业机构说：“你是个不错的人，但不是我想要的合作对象，你以后会找到与你合作的商业机构的，慢走不送！”

这样的商业机构你一定觉得很冰冷，但没有办法，失去信用是个人行为，商业机构只是根据你的个人行为做出判断而已。

王女士在一家外企工作，月收入在10000元左右，去年在南方楼市逐渐回暖的情况下，王女士担心房价继续走高，于是动了买房的念头，但当她来到某投资担保有限公司，准备向银行申请房贷时，却被工作人员告知她已经上了银行征信系统的黑名单。

原来，银行在核实她的信用记录后发现，王女士名下有三张信用卡，并都有过几次还款逾期记录，这样一来，一些银行就拒绝了她的房贷申请。

王女士抱怨，因为自己的工作性质，经常要在外地走动，经常出差，可能无法按期还款，根本没想到会影响以后的贷款。但再怎么解释，不良信用记录是板上钉钉的事情。后来经过贷款公司工作人员的努力，最终有一家银行受理了王女士的贷款申请，但银行要求她必须支付30%的首付款，这样一来，王女士预期的首付从65万元一下子增加到了97万元，并且不能享受七折的优惠利率。工作人员还告诉她，信用不良记录将会一直存在，对此，王女士感到非常担心。

个人可以仅凭借信用进行消费，这是一件非常方便的事情。但是如果不按照约定的期限还款的话，那么个人信用就会大打折扣。

与此同时，个人信用记录上也会出现一定的污点。而当你使用有污点记录的个人信用报告，再进行其他的信用活动时就会受到一定的“阻碍”，很显然，这样的后果是谁都不想要的。

一个人的个人征信系统到底有多重要，或许很多人现在还没有感受到，但是，它就如一颗隐藏在暗处的炸弹，一旦你感受到了，往往就是你的生命遭受到威胁的时候，换句话说，这时你的个人信用已经出现了严重的问题。此时此刻，再去做一些亡羊补牢的措施就未必能起到效果了。因此，要时刻警惕自己的个人信用记录，要明白跟银行过不去，就是跟自己的“钱途”过不去。

个人信用记录真的有这么重要吗？确实如此，千万不要小瞧了个人信用记录，良好的信用记录不仅能够在个人经济活动中帮到我们，而且对个人来说也是一笔信誉财富。个人征信系统之所以存在，其目的就是加强整个社会的信用体系建设，提高国民的信用意识。一个国家只有建立起一个高度信用的社会，才能够构建起一个诚信和谐的社会。

虽说失信记录并不会对个人正常生活造成严重影响，但是我们也不能因此放松警惕，任由失信的行为一直发展下去。毕竟，个人信用关系着个人的“钱途”，只要稍不留意，个人很容易就因为失信而“钱途”尽失。

国家信用与国家债券

1815 年 6 月 18 日是决定欧洲前途的一天，这一天拿破仑的法军正和以英国为首的反法同盟联军在比利时滑铁卢展开决战。如果这场战役获胜的一方是拿破仑，那么法国将成为欧洲大陆的主人；而如果是同盟军获胜，那么英国将主导整个欧洲。

因此，这场战役不仅是两支军队之间的生死之战，也是整个欧洲无数投资者的豪赌，在当时的伦敦股票交易市场，气氛紧张到了极点，所有的人都在焦急地等待着滑铁卢战役的消息。如果英国失败了，英国国债的价格将跌进深渊；如果英国胜利了，英国国债的价格将冲上云霄。

在两军进行战斗的时候，罗斯柴尔德家族的暗探也在紧张地从两军内部收集着各种战况进展的情报，暗探们随时把最新的情报转送到离战场最近的罗斯柴尔德情报中转站。6 月 18 日那一天，当法国败局已定的时候，一个名叫罗斯伍兹的罗斯柴尔德暗探目睹了战场上的情况，立刻骑马奔向布鲁塞尔，然后转往奥斯坦德港，渡过英吉利海峡，于 6 月 19 日清晨到达英国福克斯顿的岸边，内森·罗斯柴尔德亲自等候在那里。

内森只打开信瞄了一眼，就立刻登上马车赶往伦敦。到达伦敦股票交易所时，内森故作慌张地抛售了所有英国国债，此时，所有人都认为罗斯柴尔德家族知道了英国战败的消息，跟着内森一起狂甩，几个小时之内，英国国债就已经成为一堆垃圾，票面价值仅剩下 5%。

当英国国债一文不值之后，内森又让自己的交易员偷偷将所有的国债购买回来。就这样，等前线的消息传到英国，罗斯柴尔德家族手里已经掌握了大批量的英国国债，此时英国国债的价格已经上涨了数十倍。

滑铁卢一战，让罗斯柴尔德家族夺得了伦敦金融城的主导权，一举成为英国政府最大的债权人。

上面这个故事，曾经出现在畅销书《货币战争》中，关于这个故事是真是假，我们在此不作深究，我们只是讨论这个故事里的现象，那就是国家债券到底是什么？为什么会在短时间内暴涨和暴跌？

国家债券从表面上讲就是国家发行的债务，国家由于种种原因缺少资本，于是采取向市场募集的方式，将债务发放出去，并许诺一定的回报。而购买国家债务的人，就等于是把钱借给了国家。

如果这么简单理解的话，那么国家债务和个人债务没有什么本质的区别，那么在其背后，也必然隐藏着一个国家信用的问题。

一般来说，我们很难想象国家会像个人那样失信，但现实生活中总是不可避免地出现一些让人难以预料的事情，比如战争。在战争中失败的一方，很可能面临着割地、赔款甚至经济崩溃、政府破产的情况，如果这些问题发生，那么国家债务一样有违约的可能，因此，才会出现上文故事中的那一幕。

现代国家，因为经济发展和社会公共支出的需要，很少有政府是不背负债务的，其中被金融界研究最多的就是美国国债。因为美国政府的信用好，经济影响力大，因此美国国债一直是金融市场上受人关注的焦点。

当然，除了美国国债之外，其他国家的债务也偶尔会走入人们的视线。

2009 年，希腊政府公布了该国的财政赤字，赤字高达 GDP 的 12.7%，公共债务占 GDP 的比例升至 113%，远高于欧盟《稳定与增长公约》中“成员国财政赤字不得超过当年 GDP 的 3%，公共债务不应超过当年 GDP 的 60%”的规定。

希腊债务危机一发生，立即成为金融界关注的重大问题。几天之后，三大国际评级公司便均调降希腊主权信用评级。穆迪和标普分别调低其长期债务评级至A1和A，惠誉将其评级调低至“BBB+”，为投资级的下限，且前景展望为负面。

希腊债务危机导致了一系列的连锁反应，货币贬值、资本管制、失业率增高、福利降低、企业破产，大量社会问题相继出现。更严重的是，没有国家来挽救希腊的局势，因为欧洲其他国家在伸出援手的同时，也纷纷陷入了不同程度的危机当中，整个欧元区陷入到一片混乱当中，直到今天影响仍在持续。

如今希腊的债务危机仍未解除，希腊的国家信用也在走下坡路，违约风险上升，融资出现困难。一时间关于希腊退出欧元区的风声此起彼伏，如何挽救希腊经济，很多经济学家还在为此而苦恼。

希腊债务危机，就是一个显著的信用降低以致破产的现象。而随着全球经济一体化的发展，国家信用也从国内发展到了国际，即一国政府以国家名义向另一国政府或私人企业、个人借债以及在国际金融市场上发行政府债券，它既成为弥补本国财政赤字的手段，也成为调节国际收支、对外贸易的有力杠杆。

在希腊国债危机案例中，希腊至今仍然保持着欧元区的地位，有一部分的原因就是德国、荷兰等欧洲国家购买了希腊的国债，帮助希腊度过债务危机。但是这种现象不可能长久地维持下去，一个国家信用的建立还是要依靠该国本身的经济复苏，只有经济站稳了脚跟，才能够重新获得信用。

从希腊债务危机的事例中我们可以总结出，国家信用的财务基础就是国家将来偿还债务的能力，国家信用出现危机，国家的财务必然会遭受损害，反之亦然。因为，一个国家的偿债能力源于国家（全体人民）的财务资源，它的现金流来源于三个方面：国家的税收收入、政府有偿转让国有资产（包括土地）获得的收入以及国家发行货币的专享权力。所以，如果国家的偿债能力出现了问题，这三方面也就出现了危机，那么国内的经济状况必然非常严峻了。

更讲信用的信用评级

老石有一笔生意急需用钱，他打算向同事老祝借，扭扭捏捏好不容易开了口，老祝还在那里犹豫，身边老胡却突然插话说："老祝，不要把钱借给老石，他这个人没信用！"

老石顿时火冒三丈，大叫道："老胡，你凭什么说我没信用，你又有什么信用？你说出来的话有人信吗？"两个人就这样争吵了起来，一旁的老祝也不知道该相信谁，只好讪讪地站在一旁。

2016年，国际著名评级机构标准普尔和穆迪先后下调中国主权信用评级，对此，中国有经济学家回击评级机构，说它们这样做才是失信的表现，这些评级机构的信用为不可信。有投资者对于双方的行为不置可否，处于观望之中。

上面两个故事，一个是虚构的，一个是真实的，但本质是一回事，那就是一个人或机构的信用到底由谁说了算。

一个人的成绩可以分为优良差劣，一个人的信用也有相应的等级划分。同样地，一个国家、一个集体、一个企业，也必然有其信用等级。那么问题是，这个信用等级该听谁的呢？

读者可以设想一个这样的场景：A说自己讲信用，B也说自己讲信用，两个人互不相信也互不服气，这样最好的解决方法是，找一个信用最好的C来做评判，C通过分析两个人当下的状态和过往的行为，对两个人的信用作出判断，这就是信用评级。

所以，信用评级是一种社会中介服务，由公立机构通过客观的评价对社会提供资信信息，或者是用于为单位自身提供决策参考。对于信用评级来说，评级机构的信用其实是最关键的，一个本身就没有信用的机构，它有什么资格评价别人呢？所以直到今天，世界上受到公认的评级机构也不是很多。

最早的评级机构诞生于1902年，美国穆迪公司的创始人约翰·穆迪就率先尝试对当时发行的铁路债券进行评级。后来他的这种做法逐渐得到发展，而评级对象也进一步延伸到金融领域的各种产品。

每一个行业都有它独特的行业特点，因此，针对各个行业的信用评估标准也不尽相同。由于信用评级的对象和要求有所不同，所以当公立机构对某一企业的信用进行评级的时候，其面向的内容和采用的方法有较大区别。

由于信用本身看不见也摸不到，所以在进行信用评级的时候很难得出一致的结论，而对于公立机构的评价标准到目前为止也还没有统一说法，但是大致上是相似的。总体而言，信用评级的根本目的基本上都是揭示受评对象违约风险的大小，这一点也不同于其他类型的投资风险，比如说利率风险、通货膨胀风险、再投资风险及外汇风险等。

另外，信用评级的关注点也不是平时人们关注的企业本身的价值或业绩，而是更加注重经济主体按合同约定如期偿还债务或履行其他义务的能力和意愿。最重要的一点是，信用评级机构始终都是一个公立机构，也就是我们所说的“第三个人”。

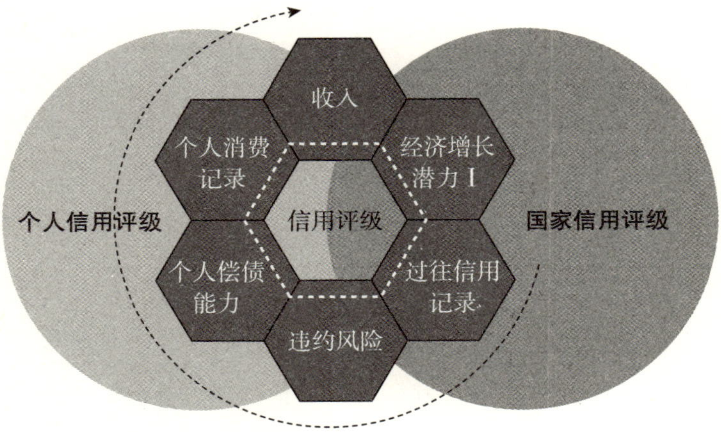

信用评级示意图

公立机构利用其自身的技术优势和专业经验，对一些经济主体或是金融工具的信用风险所做出的客观评论归根结底只是一个建议，是用来做参考的一种专家意见，我们请人来做信用评级是希望得到值得参考的数据，而不是得到一个能够左右我们最终决定的结论。

简单来说，公立机构就像是父母为了孩子的婚事找来的媒人，这个“媒人”在此时所扮演的角色并不是说亲，而是以一个旁观者的身份对男方或是女方做出客观的评论。是儒雅书生还是倨傲公子，牵过无数红线的媒人是能给出公正判断的。当然，最终这桩婚事到底能不能成功并不是媒人的一句话就能够决定的，如果请托人愿意冒险或始终相信对方的为人，放心地将女儿嫁出去，媒人也不能够说什么。这就如那些不相信信用评价机构的人一样，对于评级出来的信用等级并不是很信任。

正如古时包办婚姻的盲婚哑嫁一样，现在的经济发展中也会出现这样的情况。随着互联网经济的发展，交易的双方对彼此的了解实际上也是盲人摸象，很难得出较为全面的认识。而这时候，经验十足的专业检验信用的公立机构就有了出场机会，无论对方是怎样的一家公司，只要过了公证机构的眼睛，就几乎没有能够藏得住的缺陷，公立机构会根据自己所看到的真实情况给出最为客观的评价。

对于信用评价机构来说，客观性和中立性就是它存在的唯一理由，所以它自身必然要保持着绝对的信用，必须做到不偏不倚，不因政治和人为因素而影响评级结果。例如，穆迪和标准普尔就曾经数次下调它们所在国家美国的信用评级，这都是从客观和自身信用角度出发的。

那么还有一个问题是，对于评级我们能不能不接受呢？答案是你可以不接受，但别人接受了，也一样会作用于你。比如标准普尔下调中国信用，我们中国政府可以不接受，但如果国外其他政府和机构也相应对这个下调做出反应，那么我们中国不接受也不行。也正因为这一点，大多数国家和机构对于评级的态度，其实是比较欢迎和愿意接受的。

当然，这里还有一个比较有趣的原因，那就是对自己本身的问题进行了解和改正。因为评级是比较客观正确的，所以有助于让我们发现自身的问题。

这就像一些同学做参考题一样，明明已经算出了答案，但是由于对自己不自信，或是为了进一步验证自己答案的正确性，他们都会选择与另外一个人的答案进行对照。

另外，这些学生也常常会从别人的答案中发现自己的失误，从而最终以更高的正确率完成这些参考题。

评级机构就像是我们用来检查自己试题的另一份参考答案，我们不会照抄别人的答案，也不会轻易否定自己的答案，但是我们总能够在对照中发现自己的不足。

第四课

投资——博弈智者就是经济强者

投资：让钱生钱的聚宝盆

几个人来到天堂的门口，他们即将离开这里进入人间。站在他们面前的天使问他们说，你们想要怎样的生活？

一个人说："我想要活得有地位，受人尊敬。"天使给了他一盒粉笔说："那么你未来会成为一个老师。"

一个人说："我想要活得自由，无拘无束。"天使给了他一卷草稿纸说："那么未来你会成为一个画家。"

一个人说："我想要生活得有挑战，生命充满了奇迹。"天使给了他一双运动鞋说："那么未来你会成为一个运动员。"

一个人说："我想要过富有的生活，有花不完的钱。"天使给了他一枚硬币说："那么，你到投资市场去看一看吧！"

在现实世界，一夜暴富谈何容易，我们的祖先告诉我们，钱还是要靠自己的努力一点点地赚来。不过，虽然绝大多数人都没有一夜暴富的机会，但是想让自己赚钱更容易一些，还是有方法的，这个方法就是投资。

钱放在家里，就算一分不花也不能够生出更多的钱来，放久了还可能因为通货膨胀等原因贬值。不但没有赚到钱，还损失了一部分钱，放在银行里的钱虽然有利息，但如果利息比通货膨胀率低，那么一样是赔钱的。因此，对于一个有金融头脑的人来说，他不会傻傻地把自己的钱存在银行赚取很微薄的利息，而是会合理地用一部分钱投资，让它再生出一部分钱来。

从金融学的角度讲，投资是指人或者机构为了在未来可预见的时期内获得收益或是资金增值，在一定时期内向一定领域的标的物投放足够数额的资金或实物的货币等价物的经济行为。而通俗一点说，投资就是让钱生钱。

我们身边有些人尽管平时收入不菲，但是却没有多少资本的积累，一旦有点急事需要用一大笔钱，往往会发现自己没有什么财富积累，这就是不懂得投资的缘故。而有些人虽然收入一般，但能够合理搭配自己的资本，让资本在时间的作用下快速增值，到头来也获得了不错的收益。

明朝的沈万三，如果只是单纯地做一个守财奴是绝对成不了一代巨富的，而就是因为他懂得要把钱拿出去投资，才让这些钱为他赚回了更多的钱，让他的钱越积越多，多到能够赶上皇室的财富，让当时的皇帝都对他忌惮几分。

巴菲特从不经营实业，却是当今世界最富有的人之一，靠的也是投资。巴菲特靠买入有价证券起家，曾被美国《纽约时报》评为全球十大顶尖基金经理人第一位，最终成了世界首富。

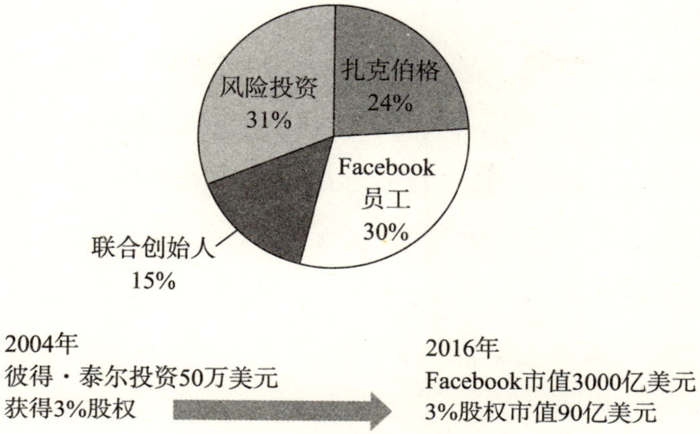

Facebook股权构成

巴菲特之所以能够享誉盛名，就是因为他那独到的投资眼光，为自己累积了巨额的个人财富。巴菲特对于很多渴望财富的人来说是如同神一样的存在，很多人都想模仿他的成功之路，当然这是很难做到的，但是，如果能够通过投资让我们的财务状况比较充裕，那么，我们还是应该学习一点关于投资的金融知识。

大卫·芬奇以扎克伯格为原型拍摄的《社交网络》电影中，电脑天才马克·扎克伯格被女友甩掉，一怒之下做了一件违规的事情，后来事情越做越大，直到最后建立了 Facebook。在 Facebook 建立之后，扎克伯格面临一个重要的问题：钱从哪儿来？

这个时候，扎克伯格偶遇软件纳普斯特的联合创造者辛恩·帕克。帕克告诉扎克伯格说，他被红杉资本风险投资公司的迈克·莫瑞兹排挤出来。莫瑞兹是风险投资传奇人物，也是雅虎、Google 和 YouTube 最早的投资者。

辛恩·帕克不仅自己给扎克伯格提供了资金，还向扎克伯格推荐了彼得·泰尔，硅谷著名投资人，用帕克和泰尔的钱，扎克伯格让 Facebook 站稳了脚跟，并逐渐让它成长为今天这个巨无霸的互联网企业。

在这个故事里，如果扎克伯格没有获得资金支持，Facebook 就不会有后来的故事，但我们要讲的并不是他，而是辛恩·帕克和彼得·泰尔，他们把钱交给扎克伯格并不是做慈善，而是打算用他们的钱从扎克伯格那里获得更多的财富，这就是投资。

事实证明，他们的投资是正确的，他们用几百万美元和几千万美元的投资，换得了 Facebook 一定的股份，这些股份在今天的价值已经超过百亿美元。

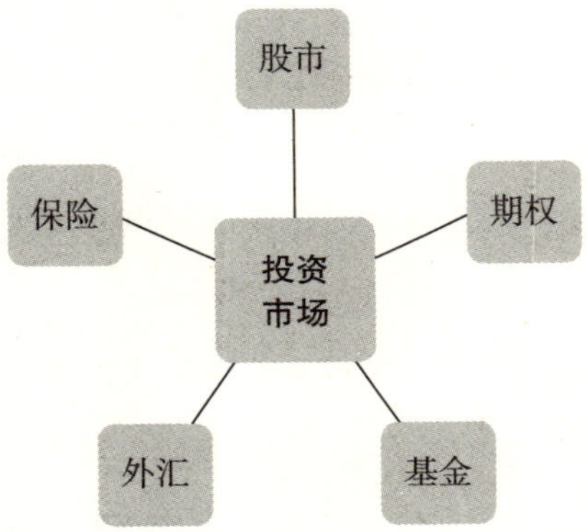

当然，投资并不是只能将资本投给创业者，这个世界上有各种各样的投资市场，最常见的有股市、基金、债券、外汇、期货等，任何一项投资都可以作为资本投放的对象，它们的共同特点是：资本运作，巨额资本回报，当然也意味着具有极大的风险。

总而言之，投资是一个能够让金钱创造金钱的方式，进行投资，也并非就等于是“钻进钱眼儿里”的“钱串子”，但是，富足的生活是我们合理的追求。

因此，学好投资领域的金融知识，在投资理财上先行一步，这并不是贪婪，而是懂得生活。不过需要指出的是，投资虽然有回报，但同样有风险，因此我们也不能盲目投资，不能让自己的钱白白打了水漂。投资是一件风险与机遇并存的事情，需要投资者擦亮双眼，小心谨慎去对待每一笔投资。

投资的首要任务是保本

作为全球著名的投资者，巴菲特已经成为全世界投资者心中泰斗级的人物，关于巴菲特投资行为的种种研究，更是为投资者津津乐道。各种有关巴菲特的业绩和传说频繁见诸报端，更是增添了巴菲特作为“投资之神”的传奇色彩。

巴菲特有何种神奇的投资技巧，能够让他在血雨腥风的投资市场上无往而不利呢？作为一个“学院派”的投资者，巴菲特师从投资大师格雷厄姆，他的投资理念也与格雷厄姆趋同，而格雷厄姆关于投资的重要法则——先保本再盈利，更是被巴菲特理解得淋漓尽致。

20世纪60年代是巴菲特成名的初期，当时，他已经在投资领域取得了令业界惊奇的业绩，创下了空前的业绩回报纪录，甚至可以逆市场行情而动。

当年道·琼斯工业指数下跌，而巴菲特的投资收益率却超出市场平均业绩36个百分点。在1966年时巴菲特有限公司的总收入为1938万美元，但通过大量买入百事可乐股票，并卖出一些长期持有的可流通股票，从而使得1967年的税前利润达到了惊人的2738万美元。

按理说，形势已经一片大好，巴菲特高兴还来不及，但他毕竟不是普通人，在这样大好的形势下却察觉到了一丝危险，他非常担忧股票市场会因为投机因素过大而崩盘。他在 1968 年 7 月 11 日给朋友的一封信中提出了自己的担忧：今天的股票市场无论是发起人，还是高级雇员、职业顾问、投资银行家、股票投机者，几乎所有人都认为能从股市中狠狠地赚到一大笔钱，可是我却很担忧这些长期的投资行为可能会导致灾难性的后果。

于是从 1970 年开始，巴菲特接连做出令人震惊的举动：1970 年，巴菲特决定解散巴菲特有限公司，因为他认为，人们对股票市场的估价已经太高，他已经不知道如何投资了。巴菲特对巴菲特有限公司的资产进行了彻底清算，按照每位股东应该得到的收益，以及按比例规定应该得到的利息，全部分给每一个人。每位股东可以有两种选择：既可以按照比例获取应该得到的收益，卖掉手中的股票，换取现金；也可以继续持有戴弗斯菲尔德零售公司的股票，或者持有伯克希尔公司的股票。如果有不清楚、需要咨询的地方，巴菲特负责提供解答。

在当时人们都认为巴菲特疯了，但巴菲特有他自己的打算，他将个人拥有的约 2500 万美元大部分悄悄地转移到了伯克希尔·哈撒韦公司，从而规避了因为巴菲特有限公司过热而带来的风险，准备下一次出手。而事情的发展也正像巴菲特所预料的那样，1974 年，巴菲特有限公司刚刚解散，股票市场就崩盘了。试想如果不是他早早察觉见好就收，从而避免了在接下来的股市崩盘中遭受毁灭性损失，那么他恐怕就不会是今天的巴菲特了。

“当股市中每个人都能轻而易举赚钱时，就到了要退场的时候了。”巴菲特说。

巴菲特有句重要的投资名言：“成功的秘诀有三条：第一，尽量避免风险，保住本金；第二，尽量避免风险，保住本金；第三，坚决牢记第一、二条。”

巴菲特的这句至理名言告诫所有的投资者要有牢固的风险意识，面对投资要先有能力避免风险、保住本金，然后才可以谈收益。因此，投资者在投资前要了解投资产品的特点及自身风险承受能力，选择适合自己的产品，本着投资先保本的理念，获取收益方可成为可能。

我们带着资本进入投资市场，无非是奔着获利的目的来的。但有些投资者非但没有赚到钱，反而亏得头破血流，这就是因为忘记了保本的原则。

一般初入投资市场的投资者，几乎每个人都有“交学费”学习的经历。但有的投资者却总能把学费降至最低，能在面对风险时及时脱身，这就是懂得保本的道理。在投资市场上首先要学的不是如何赚钱，而是要先学会怎么样不亏钱，也就是说，先学保本。

追求风险高的投资产品，以期赚更多收益，这无可厚非，但要知道并不是所有的投资都能赚到钱的，一味贪图高收益却连本金都给蚀掉了，那还谈什么投资呢？因此，注重本金的安全永远是投资领域的第一原则。

当然，我们说安全第一，并非单纯的保守，如果仅是为了保护资金安全，那么不投资其实是最安全的，我们追求的是更为持久的收益。

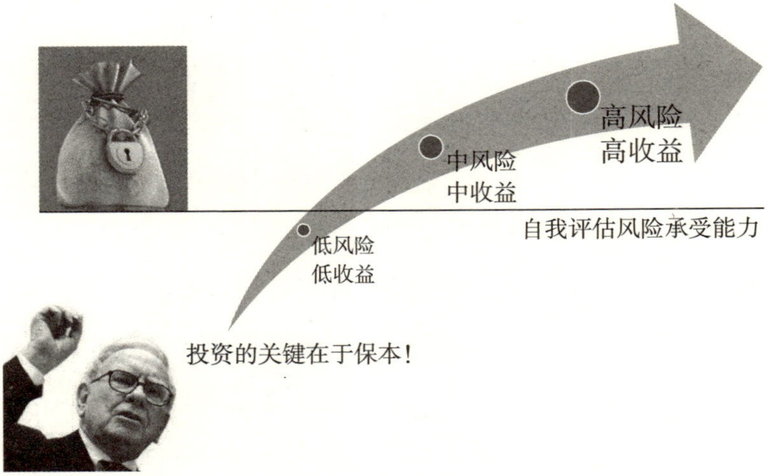

投资赚钱，保本第一，一个人只有学会在面对各种突发情况时还能够有效保住本金才算得上是成熟的投资者，才可以走上长期投资的道路。

对于如何在投资市场中保本，投资者可以选择以下几种方式，第一种：分散投资。西班牙作家塞万提斯有一句名言“不要把鸡蛋放在一个篮子里”，现在已经成为很多投资者的行动指南。这句话的实际含义就是要投资者做好“资产配置”。

有些聪明的投资者在进行投资的时候，都会选择一个方案，将资本分散开来。这里的分散投资可以指投资产品的分散，也可以指投资区域的分散。但无论如何目的都是风险抵销，享受更安全的平均收益。

比如现在很多的投资者都会将收入分成几个部分，一部分存入银行作为生活的保障，一部分投入股市以获取更高的收益，而另一部分则投入基金、黄金等相对保值的市场，以获取比银行更高的收益，同时还能规避股市的风险。

有些投资者在进行股市投资的时候会选择将一部分资本放入相对稳定但收益缓慢的公司以保证资本的安全，将另一部分放入那些风险较高但预期收益也较高的公司，以博得更高的收益。这两种方法都是针对分散的资本配置，是很好的保本手段。

第二种：时刻关注市场走向，见好就收。在投资市场上我们经常能够见到这样一种人，他们总是能够成功规避风险，在股市出现震荡之前就脱身逃离。其实投资大师巴菲特正是执着于此道的人。

生活就如同一场达喀尔拉力赛，开得快固然重要，但更重要的是你要开到终点，再猛再快半路退赛也不算赢家。投资理财只是生活的一部分，因此就没必要为了“赚大钱”而孤注一掷，要时刻牢记保本为上、安全第一的原则，这样才能在享受生活的同时无忧理财。

独立思考，理性投资

在前面第二课我们讲复利的时候，曾经提到过繁殖能力惊人的旅鼠，但这个故事其实并没有讲完，按照旅鼠那样的繁殖能力，如果没有办法加以控制，那么它们恐怕早就“占领地球”了。它们的种群是被什么控制的呢？这是一个很神奇的过程。在旅鼠“旅行”的过程中，它们总是一个挨着一个紧紧地跟随奔跑，这样一群一群聚合在一起，越聚越多。

最后当旅鼠群体来到海崖边上的时候，前面的旅鼠就会因为收不住脚而掉落下去，后面的旅鼠闭着眼睛跟着前面的跑，也都跳到大海里面去了，因此形成了壮观的“集体自杀”场面。差不多每隔三四年，北欧的旅鼠就会成群结队地冲下山来，飞快地冲向海崖“自杀”，任什么都拦不住它们。

看了这些，你肯定觉得旅鼠很蠢，但你可能不知道，一些不懂得金融理念的人，在投资市场上其实就和旅鼠没什么分别。

乐乐原本有一份不错的工作，但自从看到朋友圈里越来越多的人做微商赚钱之后，就动起了学做微商的念头。在征得家人同意之后，乐乐辞掉了原来的工作，拿出了积攒的十万元钱成了一个面膜品牌的代理，开始做起微商来。

刚做微商的时候，乐乐整天梦想着一夜暴富，日出百单的日子就在眼前。但真等到做起来才发现，现实跟自己想的完全不一样，自己刷屏屡屡被朋友屏蔽，经常一个月也出不了两单，而且客户口碑差得不行。最终，在坚持了半年之后，乐乐实在坚持不下去了，只得将手上的面膜低价处理，然后又进入求职市场找工作。

算来算去，微商这笔投资没让乐乐赚到钱不说，还亏了六万多元，更关键的是，自己20多年积攒的人脉，都因为这半年的微商经历而渐渐散去了。现在乐乐回头想起做微商这事，真是后悔得不行。

乐乐为什么要做微商，说到底不是因为爱好，而是因为看到别人做微商赚钱了，这其实就是一种盲目的投资行为。盲目的投资行为，其实是出于一种从众的心理。

从众几乎可以说是每一个人都存在的心理，普通人由于缺乏安全感和独立思考的能力便总是试图去寻找某种模式或是榜样，来消除心中因为“孤单”而产生的恐惧。尤其是在翻云覆雨、危机四伏的投资市场上，投资者更是视这个榜样为救命稻草，紧握不放。要知道恐惧投资失败的情绪是很多人都有的，这会使他们失去理性，变得盲目跟从。

投资市场都是少部分人赚大多数人的钱，这就代表着，盲目跟随的大多数，最后都只能是一败涂地。金融圈有一个形象的名词来形容他们——股市群羊。

牧民在放羊的时候，是不需要注意每一只羊的方向的，他们只需要领着头羊就可以了，因为羊群里的大多数羊总是连方向也不看，就跟着前面的羊走。前面的羊跟着更前面的羊走，最后整个羊群都跟着头羊走。

在投资市场上，散户跟着小机构走，小机构跟着大机构走，大家基本上是看相同的报道，听相同的指标，整个市场就成了一个大羊群。那么在这个投资市场羊群之中，大家都在想，反正我跟着大家走肯定没错，结果大家往往都错了。

在投资市场上，如果投资者以群羊的“沉稳”和“执着”跟着他人走，那么可以预见的是他们的命运最终一定非常悲惨。

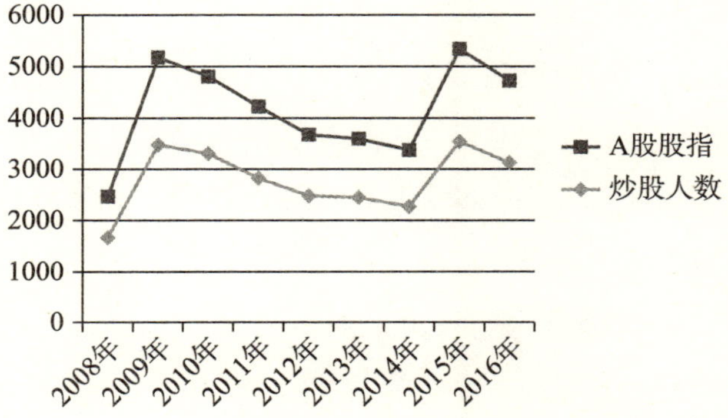

股市人数与股指走势对比图

所以，如果投资者想要保证自己的投资绝对安全，应该先想一想旅鼠和羊群的故事，不盲目跟随别人。法国社会心理学家古斯塔夫·勒庞写了一本研究社会心理的书叫《乌合之众》，他用整本书讲述了一个道理，那就是群体思维就是没有思维，群体思考就是毫不思考。

羊群是一种很散乱的组织，平时在一起也是盲目地左冲右撞，一旦头羊动起来，其他的羊就会不假思索地一哄而上，全然不顾前面可能有狼或者别处有更好的草。

投资市场的从众心态，就是不动脑子让自己陷入群体思维当中，而摆脱这个困境的方法就是走出群体，自己思考。

投资市场上，独立思考应该依照这几方面展开：

第一，了解市场运作的规律，同时制定出自己相应的投资法则，进行有规律的投资。

市场是投资者的仆人，而不是投资者的向导，因此投资者必须处理好“市场的愚蠢”和“自己的聪明”：一方面，投资者认识市场的愚蠢，应尽可能避免市场的情绪性影响，减少和避免行为认知偏差，保持理性；另一方面，投资者要认识到自己的不足，对自己有一个客观的评价，聪明的人是有自知之明的人，要尽力避免在自己能力范围以外进行投资决策。

第二，避免投资者经常出现的认知和行为错误，具体来说可以分为以下几个方面：过度自信；过度反应和反应不足；损失厌恶，不敢在需要面对失败时勇于放弃；后悔厌恶，后悔时容易采取不理性的行为，造成更大的损失；处置效应，过早卖出盈利的股票，长时间不愿出售亏损的投资；锚定，只看着眼前而忽视长期的价格变化；代表性偏差，不明白好公司的股票价格过高，就是“坏股票”，坏公司的股票价格过低也可能是“好股票”；保守主义，在新事物面前接受速度过慢；自归因，容易将成功归于自己，将失败归于其他因素；显著性思维，高估概率很小的事情发生的可能性。

第三，投资者对于如何投资应该有自己的一套策略，并且长期坚持这套策略，形成有规律的投资。

真正的理性投资者，都拥有独立思考能力，并在进行投资决策时相信自己的判断、坚持自己的选择。对于所谓的专家预测，投资者所要做的就是只能听，不能盲目跟从。

理性战胜投资市场的非理性

有一位石油投资人去世了，正当他准备进入天堂时，天堂的管理员却告诉他：你原本是可以进天堂的，不过现在天堂里分配给你住的地方名额已经满了，所以现在我们只能暂时把你分派到地狱里去。

这位石油投资人听了这话并没有流露出不满，他想了想说：“既然如此那我也只好去地狱了，不过临走之前你总要让我去和那些住在天堂里的同行打声招呼吧？”

天堂的管理员想了想，觉得这并没有什么，反正他又不能住进去，于是就同意了。

这位石油投资人来到天堂门口，把双手拢在嘴边作喇叭状开口大叫道："地狱里发现石油啦！地狱里发现石油啦！"

天堂管理员没想到，他的话音刚落，住在天堂里的那些早先过世的投资人就一窝蜂地跑出来，争先恐后地奔向地狱。

天堂管理者见此情景无奈地对他说："你成功了，现在天堂里面有空位了，你可以留在这里了。"

可是这时候却轮到他犹豫不决了，他摸摸脑袋又搓搓手，最后一咬牙说道："我想我还是不要留在天堂了，这些人都跑去了，说不定地狱里还真的会找到石油呢！我还是跟着去看看吧！"

上面这个故事读者可以当作一个笑话，但这个笑话却隐含着巨大的深意。这个笑话是当年格雷厄姆讲给自己的学生巴菲特听的，他用这个笑话告诉巴菲特投资市场上的非理性行为是如何产生的。

经济学假设人都是理性的，但作为经济学的姐妹学科，金融学却告诉我们，投资市场上的人大多数都是非理性的。所谓非理性的人，指的是他们往往不会按照金融规律进行投资，他们笃信的投资理念多种多样，包括小道消息、专家判断、星座血型等。

其实，成功的投资者还要"感谢"这些非理性的投资者，因为正是有他们的存在，才让投资获利成了一种可能。当初记者问巴菲特如何看待市场上某些投资者狂热、焦虑以及一些非理性行为时，巴菲特笑了笑回答道："事实上，我非但不会担心和恐惧市场上出现的非理性行为，反而喜欢这些非理性行为的出现，因为仔细研究并且利用这种非理性，恰恰能够给我带来更多的投资机会。"

事实上巴菲特对投资者的非理性行为有着深刻认识，1987 年

10月的美国股灾让巴菲特看到了美国投资者的疯狂和草率。对此巴菲特曾说，在投资市场上，每个人都充满了贪婪、恐惧、愚蠢的念头，这是很正常的，也是可以理解的。关键在于，这些投资者要明白他们这种贪婪、恐惧、愚蠢的念头最终会导致什么样的结果，但这恰恰是很多人不愿去思考的，因此这些人的行为并不是理性的投资行为。而正是由于市场上的非理性投资者如此之多，才更衬托出理性投资人的可贵之处。

1998年9月16日，巴菲特在当年召开的伯克希尔公司股东特别会议上，曾经幽默地打趣：我们希望股票市场上傻子越多越好。为什么呢？因为这样的傻子越多，就会出现越多的非理性投资；而这时候，我们这些理性的投资者反而会捕捉到越多的有利机会。

投资市场为什么有那么多的非理性行为呢？这个问题的解答，我们需要从人性的角度来分析。

人大都喜欢追逐利益而好逸恶劳，投资市场作为一个资金运作的市场，参与者并不需要太多的体力劳动就可以获得金钱，这就更吸引了那些追逐利益的人。也就是说，投资市场实际上会集了人类中喜欢追逐利益而又好逸恶劳的那一群人。

这群人的显著特点就是：好逸恶劳、相信一夜暴富、醉心利益、笃信运气、喜欢孤注一掷、相信小概率事件，对于这些人，我们有一个更好的名词形容他们——赌徒心态。

赌徒心态是很多投资者共有的，让一个具有赌徒心态的人保持理智，这毫无疑问是痴人说梦，根本就不可能，所以投资市场才会被非理性的人充斥。但在非理性的投资者当中，如果能够保持理性，那不就能够让自己战胜他们，从而真正获得投资的成功了吗？

那么，如何告别这种非理性的赌徒心态呢？金融学领域有一个词，叫作市场钝化。所谓的市场钝化，指的是投资者在心理上不要对投资市场太过敏感，要在相信自己和认真决策的基础上，尽量保持冷静和淡定。

对于那些有赌徒心态的投资者来说，一份股评材料和一个小道消息是绝对能够在他们的心里掀起波澜的。诚然，很多的投资者也会有自己的投资原则，但进行投资毕竟是为了赚钱，如果突然发现市场有了异动或者刚巧得到一个“内幕消息”，这时能够做到不动心的人恐怕并不多。

因此，聪明的投资者就要有意识地培养一些钝感力，让自己的心理钝化一点，避免对市场和消息过度反应，尽可能忽略短期的价格波动。

股市不理性本身并没有什么可怕，恰恰相反，“众人皆醉我独醒”的情况，反而更有利于理性投资者在不理性的股票市场上捕捉到更多更好的投资机会。想要投资成功方法十分重要，但能够掌控自己的心理，成为投资市场的主人则更为重要。

投资市场的“牛”与“熊”

20世纪80年代，一位名叫阿图罗·迪·莫迪卡的意大利艺术家来到美国纽约，在这个充满机会的“大苹果城”，莫迪卡却没有得到机会，他创作了很多作品，但始终没有一个作品能够获得公众的认可，为此他一筹莫展。

一转眼，来到了80年代末，在1987年一个深秋的傍晚，莫迪卡路过世界金融中心华尔街，突然想到一个创意，如果在这里展出作品，或许能够吸引大众的眼球。于是，莫迪卡开始构思艺术形象，最终他选择了一头牛。之后，莫迪卡用了两年多的时间，制作了一头巨大的铜牛，于圣诞前夜放在了华尔街证券交易所前面，牛寓意着力量和拼搏，莫迪卡想要用这头牛来祝福股市充满力量。带领工人将铜牛偷偷安放好之后，莫迪卡就守在不远处的街角，等待着第二天奇迹的发生。

第二天，当莫迪卡在困倦中醒来，果然看到了奇迹。他的铜牛已经被记者和警察围得水泄不通，以至于从外面根本看不到牛。这头铜牛在当时引起了极大的争议，一些人希望在华尔街保留它，但市政府却认为它妨碍公共交通，最终在几番博弈之后，这头铜牛被纽约 Borling Green 公园购买，并将它的所有权捐给了纽约市政府。现在，这头铜牛已经成了华尔街的象征，金融媒体提到华尔街，必然要搭配一张铜牛的照片。

逸闻讲到这里，相信读者会认为，我们要牵强附会“牛市”是这么来的了。其实并非如此，牛确实代表着投资市场的旺盛，但“牛市”的起源却不是在华尔街。事实上，早在200多年前，投资市场就有“牛”和“熊”之分了，按照英国1785年出版的《小街交易所指引》的说法，200多年前“牛”跟“熊”的意义比现在明确多了。“牛”不是指希望投资上涨的人，而是等于今天靠保证金买进投资却遭到亏损的人。

在17世纪中叶，荷兰的郁金香交易所就已经发明了保证金制度，但是在1785年的伦敦，买股票似乎不用保证金，“牛”即便是身无分文也可以买进股票，他们希望在缴款前卖出获利。

例如，一个人可以在3月购买价值4万英镑、在5月交割股款的股票，融资倍数高达四五千。这个人在结算前，可以想尽办法，把自己买进的股票卖出去。

如果整个市场牛群聚集，他就找不到接手的人，就会面临重大亏损，因此在付款之前，他必须跑遍整个交易所，找人接手。这个人心中往往充满希望和恐惧，脾气不好，跟牛的行为差不多，因此这种行为被人称为“牛”。

在200多年前“熊”不只是抱持悲观看法的人，还是实际放空的人。这种人要卖出一批股票或公债，并在未来的某一个时间交出他实际上没有的东西。因此他要不断找人，希望低价买进他未来必须交出来的证券，对所有不幸的新闻，他都会很高兴。因此，当时是这样分辨“熊”和“牛”的，表情沉重、忧郁的人一定是“牛”，不断东张西望、拿坏消息吓人的人一定是“熊”。“牛”希望股价上涨，“熊”希望股价下跌。后来的人可能因此把上涨的股市叫作牛市，下跌的股市叫作熊市。

现在进行投资的人，大多希望出现牛市，而不希望出现熊市，但世事总是不遂人愿，投资市场一贯是“熊”多“牛”少，那么为什么会这样呢?

事物的发展都是有一定规律的，投资市场也是如此。关于投资市场的“牛”“熊”转换，金融界最先想到的是PE钟摆规律。

如果用PE的高低来设定一个区间，低的时候是十倍甚至几倍的PE，高的时候是30倍到60倍的PE，400年来，投资市场的股票价格永远在这两条线之间波动，就像简单重复的钟摆一样。了解这个规律之后，投资者只要按照规律进行投资就可以了。

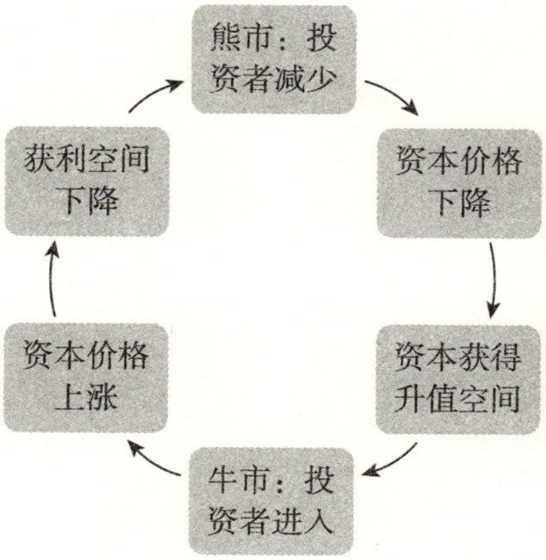

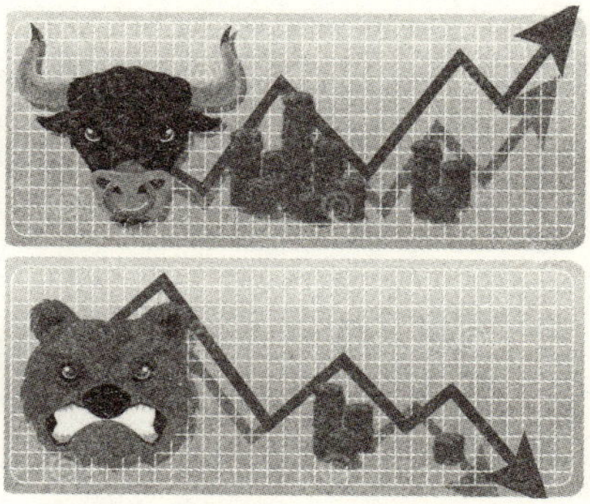

牛市利多，熊市利空

第一是等待。等待是价值投资的精髓，大机会不是时刻都有，买入要等，卖出也要等；战争中的战机要等，万事俱备只欠东风，东风要等；种子发芽，长成参天大树，也要等，不能揠苗助长；财富的增长也要等。投资者的最大痛苦莫过于，当大机会出现在你面前时，你却已经失去了本金，弹尽粮绝。

第二是判断。判断考验的是投资者的眼光和理念，一个聪明的投资者应该秉承合理的判断法则，不能凭空设想，更不能盲目投资。

彼德·林奇曾经说过，企业收益的波动最终决定了股价的波动，这几乎是一个普遍规律。林奇口中这个规律，就可以作为判断股票投资的一个法则。譬如当你确信某个企业在未来能够成为一个成功的企业，那么你对它进行投资风险就低很多，就像当年阿甘投资苹果那样。

第三是冷静。投资市场的牛市和熊市是一个不断循环的过程，但在这个过程中，人往往会经历心理上的巨大波动，这种波动会导致人出现紧张、恐慌和贪婪等情绪，如果不能保持冷静，那就很容易陷入投资市场层出不穷的陷阱当中。

第四是目光长远。从长远来看，投资市场总是在不断创造利益，无论是熊市还是牛市，总体的趋势都是向上的，因此投资者要将眼光放得长远一些。

F I
N A
2

生活中的金融学

N C E

第五课

收入与金融学

令人烦恼的通货膨胀

货币购买力的变化，如果不是严重的注水式下降，而仅是渐渐地降低，其实应该说是一件好事，这代表着经济的良性发展，人民生活水平的缓步提高。改革开放的前20年，我们经历的就是这样一个过程，那时候没有听说谁抱怨钱不值钱，因为一方面人们的生活水平提高了，另一方面人们的收入也提高了。

但是在最近几年，民间的抱怨声音开始多了起来，这主要是因为，这几年货币购买力的下降速度有点让人吃不消了，很多人收入的上涨速度根本比不过物价的上涨速度，总体上讲反而是收入水平降低了，很多人开始觉得钱不值钱了。而从金融学的角度分析，这其实就是发生了比较严重的通货膨胀。

通货膨胀，简单地说就是钱不值钱了。举个例子，一个单位的朋友轮流到同事家里做客。在王工家，馒头做得只有包子那么大，但吃了两个馒头就饱了；在赵工家，馒头做得比拳头还大，但吃了6个还是腹中空空。

朋友们不知其所以然，有会做饭的朋友解释说，王工家的馒头是俗称的“戗面馒头”，没有放太多的发酵粉。而赵工家的馒头无疑是发酵粉主打，一个馒头轻轻一捏就缩小了一半，就像是海绵一样。也许赵工家所用的面粉量还不如王工家的多，但是看上去，赵工家的馒头要大很多。也就是说，看起来很多的东西，实质上却没有什么分量。这故事中的道理，和通货膨胀的道理是比较类似的。

中国近几年的通货膨胀，主要是由两方面原因造成的，一方面是国际热钱的涌入，关于国际热钱导致通货膨胀，我们在第一课已经有所讲述，这里仅介绍一下这次的经过。

2012年9月13日，美联储宣布开始第三轮量化宽松货币政策（QE3），此举是为了刺激美国国内的就业和经济复苏，但同时，却将压力抛给了其他国家，尤其是像我国这样新兴的市场经济体。

1996年100元	2016年100元
1000枚鸡蛋	200枚鸡蛋
1家3口一周生活费	1个人三天生活费
三线城市2平方米住房	三线城市1/40平方米住房
大学1/3学期学费	大学1/20学期学费

自美国QE3推出之后，全球资本市场资本开始从发达国家大举流向新兴市场，中国开始吸引大量外来资本，在几个月内吸引了

其中 80% 以上的资金。有业内人士称，此次热钱的流入，就是冲着利差套利而来的，因为美元在未来很长一段时间都将维持近零利率，而港元是跟美元挂钩的，所以港元也将维持很低的利率，涌港资金在香港用港元借人民币，投资离岸人民币债券之类的固定收益品种稳赚不赔。

热钱的涌入，导致中国社会资产价格上涨，人民币购买力下降。此时，央行出于发展经济的考虑，并没有对热钱进行防范。因为央行认为，我国现在最重要的经济问题依然是保持经济的增长速度，而从短时间来看，热钱的流入是有益于经济增长的，于是央行对这股热钱基本上听之任之，通胀因此而加剧。

不过，真正让通胀变得严重的是另一方面原因，就是货币超发导致的收入被稀释。在这里，需要介绍一个简单的金融模型帮助读者理解这个问题。

前提：假设在一个稳定而封闭的市场里，一共拥有 100 万元资本作为流通的货币，而你在这当中占有 1 万元，你过着正常的生活，进行正常的经济活动。

变量 1：因为你的勤劳和运气，你的 1 万元增加到了 2 万元。相对整个市场来说，你变得富有了，那么你的生活水平必然会得到提高。当然，如果你赚钱不花则另当别论，但至少你确实有钱了。

变量 2：因为你的勤劳和运气，你的 1 万元增加到了 2 万元，但是，整个市场的流通资本也从 100 万元增加到了 200 万元，那么此时你变得富有了吗？也许是的，但生活水平却不会得到提高，你的有钱也只是一种表象，实际上你还是仅占有市场资本的 1%，没有发生变化。

变量 3：因为你的勤劳和运气，你的 1 万元增加到了 2 万元，但是，整个市场的流通资本却从 100 万元增加到了 1000 万元，那么此时你变得富有了吗？恐怕连你自己也知道没有。你确实有钱了，但你的钱却已经被更多的钱给稀释掉了，现在你只占有市场资本的 0.5%。

货币超发就是这样的一种模式，用更多的货币量来稀释掉你的收入。读者可以想一下，最近几年时间，你的收入是不是有了显著的增加。

毕业生收入从 5 年前的一个月 3000 元左右上涨到现在的 4000 元左右，上涨了 1/3。但翻开当初的消费记录再看一看，你身边商品的价格是不是也有了更为显著的上涨，上涨的又何止 1/3。我们不比畸形的房价，就仅从衣食住行来看，很多也不止上涨了一倍，这样一对比，我们的实质收入非但没有上涨，而且还降低了。这就是因为货币超发而导致的通货膨胀，我们的内心虽然厌烦，但却一点办法都没有。不过如果有的读者完全看不到货币购买力的下降，而只盯着工资的上涨，觉得自己的财富增加了，那么我们就只能说他实在是太没有金融头脑了。

货币超量发行一定是坏事吗

上文我们讲了一个道理，那就是政府通过货币超发，可以稀释掉你我手中的钱，即便我们的收入都还在增长，但货币购买力下降已经导致了我们的钱包缩水。从这个角度来理解，政府还真是不够意思，但问题是，政府为什么要这么做呢？

政府超发货币，肯定有它的道理，导致人民的钱包缩水，也只能说是始料未及，或是没有做出预警的副作用。货币超发的原因是复杂的，为提高人们生活水平也是其中之一。这个道理不容易讲清楚，读者需要转个弯来思考，对此，我们以案例说明。

雍正元年，刚刚登基的爱新觉罗·胤禛为了昭示新朝气象，决定令朝廷铸造一批新通宝钱投放市场，总数有数百万枚。但这个指令还在内阁的时候，便招致了几位大学士的反对，大学士反对的原因很简单，这么多的钱币涌入民间，会让民间出现钱贱货贵，这是政府与民争利的行为，不能不谨慎，虽然说皇帝元年铸钱是通例，但实在没有必要铸造那么多，完全可以仿照之前的做法，铸造一批意思一下也就可以了。

按照大学士们的说法，雍正确实应该打消这个想法。但雍正不同于普通的皇帝，他当皇子的时候曾经管理过户部，更深入民间为朝廷办过事，明白民间经济到底是怎么一回事儿。不过作为皇帝，他没有反驳自己的近臣大学士，而是调一个户部主事来内阁说明此事。

这个户部主事，只用三言两语就把事情讲清楚了。户部主事的道理是：

第一，中国民间向来有存钱的习惯，人民不但喜欢存金银，甚至把铜钱也放在家里保存起来，以备不时之需，这就导致了市面上的钱总是在减少的，所以需要铸造新钱来填补。如果铸钱的速度慢于减少的速度，市面上的钱就会不够花，而康熙在位61年，铸钱的次数并不是很多，民间早就出现了钱荒，很多地方只能以物易物，这已经严重地妨碍了百姓的生活。铸造一批新钱出去，能够填补这个缺口，让人民得到便利。

第二，铸造的新钱也不是一股脑地抛向民间，而是用在一些大的工程和事业上面，如黄河防汛筑堤、西北用兵等，这样一方面可以缓解国库的压力，另一方面又能让人民得到实惠。

户部主事把道理讲完，大学士便明白了铸钱的意义，不再反对雍正铸造新钱了。

上面这个故事中有一个关键的点，就是金钱的流通数量。我们知道，金钱最重要的作用是作为等价物进行流通，如果不能流通，那么钱币将毫无意义。

换句话说，你有多少收入不重要，重要的是你将收入花出去。但我们中国人向来喜欢存钱，这就必然导致一个严重的问题，那就是市面上的钱不够。

举个例子，市场上需要有 20 万元资金流动起来，才能满足人们的需求。卖早点的能收到现钱，开出租的能收到现钱，搓澡的能收到现钱……

但因为人人都喜欢存钱，赚到手里的钱不花掉，而是存起来，这样慢慢市场上的钱就只剩下 10 万元了。这个时候，卖早点的还在卖早点，开出租的还在开出租，搓澡的还在搓澡，但大家都很难再收到现钱了。

于是便出现了他买你的早点，但他没钱给你，那怎么办呢？下次等你去澡堂他帮你搓个澡来替换吧！这就是以物易物。但碰巧你不爱洗澡，那他就没辙了，他就只能找开出租的说："下次你来澡堂我给你免费搓个澡，然后你免费让卖早点的坐一回出租，因为我吃了他的早点没钱给。"

这样一来，整个经济就停滞不前了，更关键的是，国家在很多时候也是需要用钱的，总是没有钱拿出来，铁路怎么修？机场怎么建？国家工程怎么开展？政府形象怎么维持？

于是政府就只能印钱，用货币超发的方式来弥补货币因为储蓄而造成的不足。比如市场上需要 40 万亿元人民币，政府需要发行超过 40 万亿元的钱，才能够让经济正常运转。

而一个经济体的人民越喜欢储蓄，那么政府所需要超发的货币就越多。中国人是热衷储蓄的民族，所以货币超发就自然比其他国家要严重一些。其实政府也知道货币超发是在稀释人民的收入，但为了经济能够流通，这种超发也是不可避免的，从整体的角度讲，这其实是为人民好。

当然，也有人会说，那么超发不就意味着货币缩水吗？当然是这样，我们上面讲的就是这个现象。但问题在于，只有当所有发行的货币全部进入流通领域，货币超发的副作用才会体现出来。

也就是说，本来需要 40 万亿元，人民储存了 20 万亿元，于是就发行了 60 万亿元，这样市面上刚好剩下 40 万亿元，突然有一天，人民活明白了，把那 20 万亿元一股脑地拿出来消费，于是手里的钱一下子就贬值了三分之一。

这个道理是没有错的，但要知道，人民的储蓄倾向是一个长期的恒定数值，只会在一个很小的范围内波动，譬如 20 万亿元到 19.5 万亿元，这 5000 亿元对于一个需要 40 万亿元的经济体来说，并不会造成太大影响。

相反，按照科学计算出的货币超发量，会通过政府投资回到每一个公民的手中，让人民不但有钱进行储蓄，还有钱进行消费。这也就是为什么改革开放的前 20 年，我们中国人觉得自己突然就有钱了，一方面是因为我们通过奋斗创造了价值，另一方面是因为货币的合理超发弥补了我们存钱所造成的缺口，因此我们的钱包鼓了起来。

从这个角度看，货币超发确实是一个很正常的政府行为，但是为什么这几年的货币超发却让我们感觉到困扰了呢？这就是这个问题的另一面，货币超发过量。

钱包缩水和货币过量超发

货币超发会不会直接稀释掉你的钱呢？答案是不会，政府不会直接跑去市场上跟你抢烧饼油条、电影票、滑板鞋，政府也不会把这笔超发的钱送给某个人，让他一夜成为亿万富翁。政府更多的是将超发的货币进行定向投放，比如进行基础设施建设、行业扶持、经济引导等，然后通过这些行业带动实体经济的发展，造福人民。

如果一切都按照这个设想来看，货币超发有百利而无一害，但我们既然说它是设想，就必然代表着它只是美好的愿望而已，事实上，货币超发如果控制不好，很容易引发严重的问题。

建安七年，也就是赤壁之战前六年，孙吴和曹魏之间爆发过一场无声的战争，战争的手段就是货币。当时孙吴的管辖地铜储量丰富，孙权于是想到一个“高招”，用铸币的方法破坏曹魏经济。

当时社会上流通的有两种钱，五铢钱最多，其次是大钱五十（当时名为大泉五十，泉和钱相通）。孙权利用铜多的优势，铸造了大量的大钱，然后规定 1 枚大钱五十可以换 50 枚五铢钱。孙权自己不花这些大钱，而是让士兵假扮成商人，到曹魏的地盘上去换成五铢钱，然后再购买粮食、衣物等物品。在孙权看来，这大钱就是对曹魏的经济掠夺。

但孙权万万没有想到，这么做其实是搬起石头砸自己的脚。原来，孙权规定的大钱五十在曹魏虽然也能用，但兑换率远远没有达到他想要的 1 枚大钱五十换 50 枚五铢钱。相反，因为孙权做出了规定，所以曹魏百姓在拿到大钱五十之后，反而过来东吴这边兑换成五铢钱，然后再购物。

也就是说，曹魏百姓可以用 30 枚五铢钱的价格或等值物品换 1 枚大钱五十，然后拿着大钱五十到东吴兑换成 50 枚五铢钱，转手就赚了 20 枚五铢钱。关键在于，1 枚大钱五十换 50 枚五铢钱是孙权自己规定的，曹魏百姓可以不听他的，但东吴百姓却一定要听。所以这样搞下去，曹魏没什么事，东吴自己反倒会被拖垮，就这样孙权用了一年时间意识到这个问题的严重性，于是赶忙下令停铸大钱五十，这场货币战争让孙权没偷到鸡反而丢了一把米。

孙权的做法，我们可以理解为货币的定向超发，但问题在于，货币一进入市场便不再听他的了，货币怎么运转还是要听金融规律的。

古代如此，我们现代也是如此。政府可以预先为货币超发设置好路径和方向，但真的到了实际操作中，事情就不会像设想的那样简单了。

近几年我国金融界的争议焦点之一就是 2009 年的 4 万亿元货币超发。当时这 4 万亿元货币超发的目标是缓解社会层面的经济倒退，进行一系列政府工程来增加就业率、促进居民收入和消费、扩大内需。

但除了上面这些问题外，还有一个更大的经济背景，那就是房地产市场正面临调整，房地产因为资金不足而下行趋势明显，也急需大笔资金进入。在这种情况下，4 万亿元货币超发根本没有按照设想的那样进入民生领域，而是一股脑地进入到了房地产市场。

要知道，资本总是趋向于最高回报的，而当时最高回报的市场无疑是房地产市场，资本的趋利性导致这种现象其实是一种必然，但政府却没有意识到。结果就出现了超发货币托市的现象，其实这也许并非政府的本意，但最终的结果却是政府始料未及的。

更关键的是，房地产行业作为一个基础行业，在整个经济体系中影响巨大。举个例子，有了资本的房地产市场再度火爆起来，首先是土地、房屋、铺面价格被提升，从而增加企业的经营成本，伴随企业生产成本的增加和社会福利的提升，一部分企业只能倒闭。

房价在短短几年不断抬升，导致社会资本价格也不断上涨，这期间人民的收入也确实有所增加，但增加的幅度远远低于资本价格上涨的幅度。在这种情况下，人民必然要求更高的收入，人力成本的提升，让很多本来就不堪重负的企业更加感觉生存困难，大量工厂倒闭，工人失业。

工人失业导致收入锐减，消费市场又进一步萎缩，消费市场的萎缩让很多第三产业企业也开始步入低谷，为继续生存又只能提高服务价格。这样形成了一个恶性的循环，最终掏空了人们的钱包。

这种形势让政府感到更加棘手，于是只好继续用货币超发的方式刺激经济，但超发的货币又进入到了房地产领域，就这样在货币层面也形成了恶性循环。到 2015 年年底我国广义货币 M2 的数值已经达到 139.23 万亿元，而 GDP 数值仅为 67.78 万亿元，双方比值为 2.06，而这个数字的世界平均值仅为 1.26，像美国这样的国家更是低于 1。

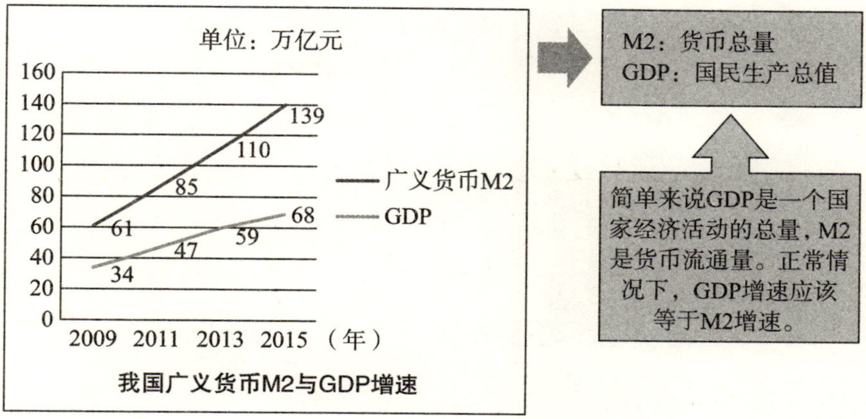

我国广义货币M2与GDP增速

看到这里，读者应该明白问题的根源在哪里了，那就是一方面货币超发无法控制，另一方面货币超发严重过量，这些都成为我们钱包缩水的根源，而如何去解决这个问题，金融学界还有一些争议的声音，对此我们政府需要思考的事情还有很多。

怎么也追不上的 CPI

政府一直非常关注民生，当然，政府关注民生并不是去看老百姓都买什么菜，做什么饭，而是从宏观的角度来分析居民生活状况，在这里，有一个数据是政府经常用到的，那就是 CPI。

CPI，全称为 Consumer Price Index，中文意思是消费价格指数，说得通俗一些，就是市场上的物价水平，用来衡量一个家庭的消费能力。

说到物价，想必每个读者都有一肚子的不高兴，最近网上就流行着这样一句话：“你可以跑不过刘翔，但一定要跑赢 CPI。”但事实上，你不但跑不过刘翔，同样跑不过 CPI。

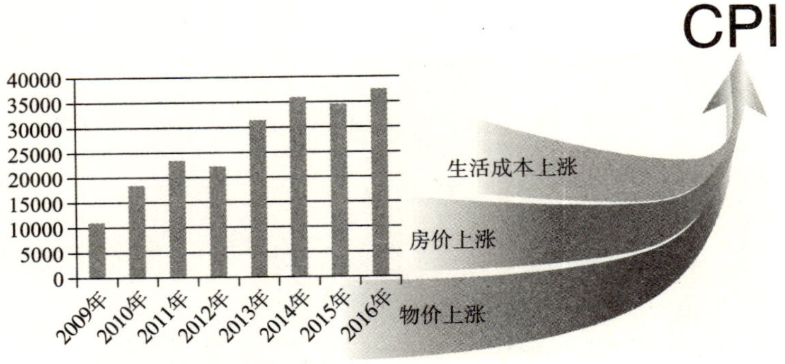

暴涨的北京房价

工资不断上涨，但生活水平却在降低，这就是因为 CPI 指数的飙升，让我们的消费能力不升反降。说到消费能力，给我们重重一击的当属房价。

孙师傅一家两代人都是进城打工的农民工，他们和其他农民工一样，背井离乡来城市闯荡，一辈子最大的期望就是成为城里人，而成为城里人的首要条件便是在城里买房。可这却不是一个简简单单的愿望，一想到现在的房价，要在城市里买房的愿望简直就成了天方夜谭。

说起自己想要买房的愿望，孙师傅的脸上并没有多大的喜悦，而是阴沉着脸，他说道："我在这里打工有十几年了，上个月儿子也结婚了，我没能像别人家的父亲一样可以缓解儿子买房的压力，作为父亲，我实在是觉得愧疚。"

孙师傅今年已经 50 多岁了，现在他在一家家具厂工作。原本一家人在城里租的一间房子里挤着过日子，现在儿子结婚了，儿子和儿媳就在附近租了一间房子。

孙师傅不是这个单位的老员工，他在这里干了几年，不算长但也不短了。就是这样一个月薪只有3000多元钱的工作，也是他辗转多个单位，最终比较满意的一个。孙师傅说，能够找到现在的这份工作他已经感到很高兴了，虽然还是买不起房子，但是至少也算是一个比较稳定的工作。他说他会一直干下去，直到干不动为止。

而我们知道，就算孙师傅干到再也干不动了，就仅以他3000元钱的工资，也是很难实现买房的愿望的。

在眼下的房价形势下，买房的确可以说是很多人远大而“宏伟”的梦想。但是，越是拥有这样强烈的买房欲望，我们才越是能够深切地体会到现在物价到底涨到了怎样不近情理的地步！抛开这样宏大而长远的目标不谈，单就眼下柴米油盐的价钱也足够我们大跌眼镜的了。

2005年，国家统计局曾发布数据，我国在职工人年平均工资为18364元，按月可达1528元。而到了2015年，我国大多数城市的最低工资标准都在1800元上下，我们将一般人工资再加上1000元按照2800元计算，十多年间个人收入涨幅大致为一倍。

而在这十多年间的物价涨幅为多少呢？我们不拿涨幅最大的房子作比较，单比较和每个人都息息相关的大米。2005年，即便是在北京、上海这样的城市，一斤普通的大米也不过1元左右，而到2015年，普通中小城市的超市里，一斤普通的大米也已经达到4元一斤了。在这十年间，大米的价格上涨了4倍。

十年前给你100元你可以买100斤大米，而如今给你100元，你买到手的大米却只剩下25斤，所以相对于物价的上涨，人们的收入其实是缩水了。收入的上涨确实让人们拿到手里的钱多了起来，但 CPI 的上涨却让我们又回到了原点。

CPI 上涨的原因很多，上面我们已经有所提及，而它的上涨导致人们生活水平降低，是因为它和收入上涨幅度对比的问题。

当你收入 3000 元时，市场上的馒头价格是 1 元 4 个，那么你一个月的收入可以购买 12000 个馒头。

当你的收入上涨到 4500 元时，市场上的馒头价格不变，那么你一个月可以购买的馒头便增加到了 18000 个。你当然不可能只吃馒头，但你的生活水平提高了是不争的事实。

当你的收入还是 4500 元，但市面上的馒头变成了 1 元 2 个，那么你可以购买的馒头变成了 9000 个，这个时候，你的生活水平就是下降了。

"豆你玩""蒜你狠""姜你军""苹什么"……这些因为物价上涨得以诞生的名词红遍网络。尽管这些网络流行语听起来风趣好玩，但是听完之后我们又难免会伤感和心酸。面对工资增长速度远远追不上物价上涨速度的现状，老百姓实在是有苦说不出。

当我们在为 CPI 的增长感到头疼的时候，政府部门当然也并不为此感到轻松。经济增速由高速转为中高速之后，很多领域就会紧接着出现产能过剩的问题，最终由于供给过多而导致价格回落。尽管价格回落是我们都希望看到的，但是一口气吃不成一个胖子，同样地，一顿饭也饿不出一个瘦子，物价回落必然还要经历一个缓慢的过程才能够达到我们都能够接受的程度。

第六课

储蓄与金融学

恩格尔系数和储蓄理财

上一课讨论收入的时候，我们提出了一个概念，那就是收入与物价的对比才能够反映收入的真实性。

当然，我们讲的物价是关乎人们生活水平的商品的价格，而不是某些特殊商品的价格。原因在于，人们生活所必须获取的商品，它们是生活的必需品，无论收入多少，在这些商品上的消费是无法节省的，因而只有这些商品的价格才有参考价值。

一个人赚得再少，总要穿衣吃饭，因此计算他用在穿衣吃饭上面的钱占其收入的比重，就能够大致看出来这个人是富裕还是贫穷了。

我们做一个假设，某两个人身处不同的地域，所获得的收入用同一种货币计量，两个人衣食住行所进行的消费在实质上并没有区别，只是因为物价而产生了数额的不同。

A 地的某人年收入 5 万元，一年的穿衣花费 5000 元，饮食用去 1 万元，房租和交通用去 1.5 万元，那么他花在衣食住行上面的钱占他收入的比重就是 60%。

B 地的某人年收入 5 万元，一年的穿衣花费 3000 元，饮食用去 7000 元，房租和交通用去 1 万元，那么他在衣食住行上的花费就占他收入比重的 40%。

B 地人的生活质量比 A 地人更高，因为他在衣食住行外有更多的剩余。而且这种方法衡量不同人群、地域或国家之间的生活水平差异，实际上也要比直接衡量收入上的差距更加客观。

而后来，经济学家在这个基础上对该项数据做了一个更加科学的改动，他们将分母从个人或家庭收入改变为个人或家庭支出，这个改变是德国统计学家恩格尔首先做出的。

恩格尔根据经验统计资料对消费结构的变动提出了一个看法：一个家庭收入越少，家庭收入中或者家庭总支出中用来购买食物的支出所占的比例就越大，随着家庭收入的增加，家庭收入中或者家庭总支出中用来购买食物的支出将会下降。

在这种看法的基础上，恩格尔创建了衡量家庭富足程度的重要指标——恩格尔系数。恩格尔系数的计算可包含两个公式：

食物支出对总支出的比率（R1）= 食物支出变动百分比 / 总支出变动百分比。或食物支出对收入的比率（R2）= 食物支出变动百分比 / 收入变动百分比。

一般而言，当经济机构要使用恩格尔系数来衡量一个国家和地区人民生活水平的状况时，会以以下数据为标准。

一个国家平均家庭恩格尔系数大于 60% 为贫穷；51%~60% 为温饱；41%~50% 为小康；31%~40% 属于相对富裕；21%~30% 为富

足；20% 以下为极其富裕。恩格尔系数提出之后，很快便得到了国际社会的一致认可，从此以后，对于国际间真实收入水平的对比，人们往往求助于恩格尔系数。

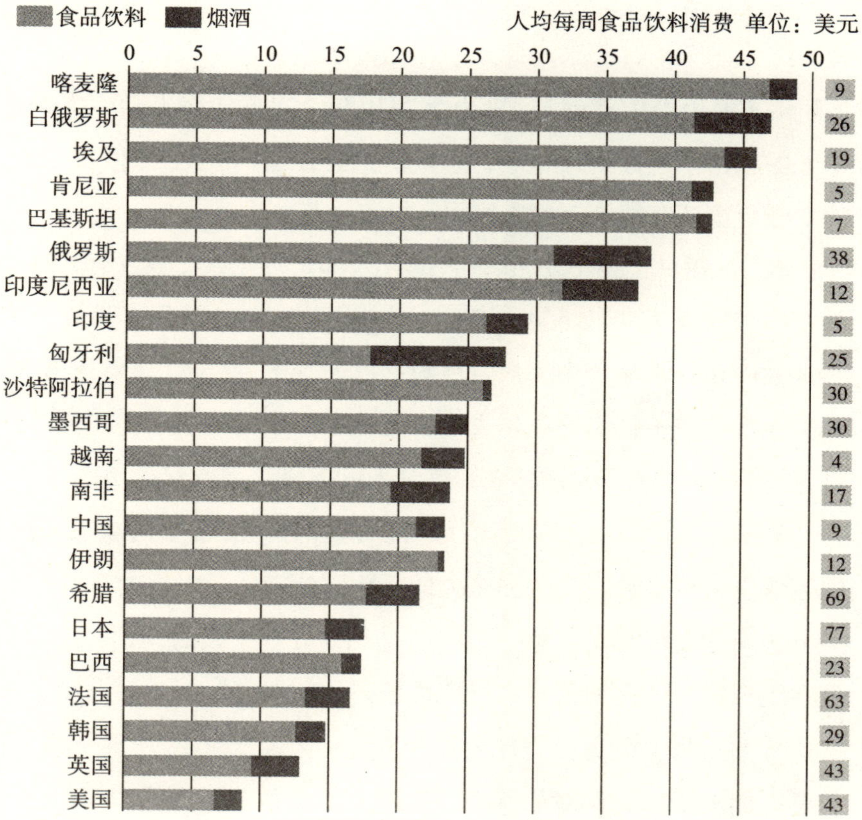

数据来源：美国农业部（2013年）

全球22国恩格尔系数一览表

那么，恩格尔系数与储蓄之间又有什么关联呢？在衡量家庭贫富状况时，恩格尔系数虽然比较靠谱，但也会有特殊的情况出现，那就是储蓄问题。

一个过于热衷储蓄和一个完全不储蓄的国家，其消费所占的收入比重当然不一样，在这种情况下，恩格尔系数就难免发生偏差。

例如，我们中国人热衷于储蓄，一些所谓的“酷抠族”甚至连日常消费都要节省，在这种情况下，恩格尔系数自然高得惊人。

某人工作十年，年收入 8 万元人民币，但收入除了支付日常消费之外，剩余都存起来。此人一年储蓄达到 6 万元人民币，而剩下 2 万元人民币当中有超过 1.8 万元都用在了衣食住行上面。那么这个人的恩格尔系数就是 90%，这个数字表示他十分贫困，但要知道，他在银行里还存着 6 万元人民币。

美国是消费至上的国家，大部分人都是月光族，很少有人进行储蓄。美国某人年收入 4 万美元，储蓄只有 1000 美元，可以忽略不计，而在日常消费中，衣食住行共耗费他 8000 美元，剩下的 3.1 万美元都花在了钓鱼和高尔夫上，此人购买一套顶级的高尔夫球杆就花了 6000 美元。这样算来，这个人的恩格尔系数仅为 20%。

对比上面两个人，读者当然可以说后者比前者生活水平要高，但能像恩格尔系数表现的那么大的差距吗？自然是没有的。

投资也是同样的道理，只不过是如何处理金钱的差别，是把钱放在银行里，还是把钱放在投资市场里的问题。

而且，恩格尔系数与储蓄综合考量，还能反映另一个问题，那就是人们对于社会保障的信心。美国人不储蓄，因为他们明白，即便没有储蓄，有完善的社会保障制度，他们依然能够过得很好。而中国人普遍选择储蓄，很大程度上是因为对未来的不确定和对社会保障的信心缺乏。

讲到这里，我们要得出一个结论，按收入量、消费量和储蓄量都不足以单独衡量一个人、家庭或者社会的富裕程度，而需要将它们结合在一起综合考量，才能看出来一个人的经济能力，一个社会是正在慢慢走向繁荣，还是慢慢走向衰落。

存钱为什么等于赔钱

在金融学领域，储蓄一直被看作最保守的金融手段，而保守一方面意味着盈利少，另一方面却也意味着安全。对于储蓄的安全，我们中国人最为信任。

在中国大多数人的观念里，钱放在银行里是最安全的，银行是永远也不会倒闭的，而且还会给利息，一万元存一年还能赚一二百元，对于一贯没有投资概念的中国人来说，还有什么比这更好的选择吗？

此时，如果一个金融学家站出来说，大家不要再存钱了，存钱是最不安全的，存钱就等于是赔钱，相信所有人都会认为这个人疯了，但这个人真的疯了吗？

阿贵和阿勇两个人毕业于同一所大学，进入了同一家公司工作，入职的时候收入也是一样的。该公司向来以工资高著称，两个人的收入在入职的时候就非常可观，几年下来自然也水涨船高，两个人的收入与日俱增。然而，在几年后的今天，阿勇算了一笔账，发现自己居然比阿贵少“赚”了那么多的钱。

原来，阿贵的理财思路一直比较灵活，他薪水的结余几乎从没有存过银行，而是投入到其他的理财产品当中。炒股、买房、买黄金，阿贵是变着法儿地投资，趁着这两年房地产市场火热，阿贵把大部分的积蓄用来按揭买了一套商品房，两年下来，他的房子已经增值了好几倍，阿贵现在俨然已经成了一个小中产阶层了。

阿勇却不一样，他在理财方面非常保守，他和阿贵的薪水结余不相上下，但为了稳妥起见，他一直把积蓄存入银行，满足于每年坐收利息。可他没有考虑货币的贬值因素，后来随着通胀率不断攀升，两年下来，阿勇发现自己现在本金加利息的购买力居然抵不上两年前刚存进的本金了。心里想着稳妥去存钱，但反倒赔了钱，这让阿勇懊丧不已。

阿勇的遭遇就是我们大部分中国人在金融世界真实的写照。把钱存在银行里吃利息，这是最简单的理财方式，不期望能得到多大的利润，只是图一个安全。可是，任谁也不会想到，这样的做法居然不安全，原因就在于我们现在似乎已经进入了一个“负利率”的时代。

读者要明白一个道理，钱是有时间价值的，把钱存入银行所获得的利率实际上就是对存款人支付的时间价值的报酬。从实用主义的角度看，储户所得到的利息报酬应该高于同期的货币贬值幅度或物价上涨幅度。

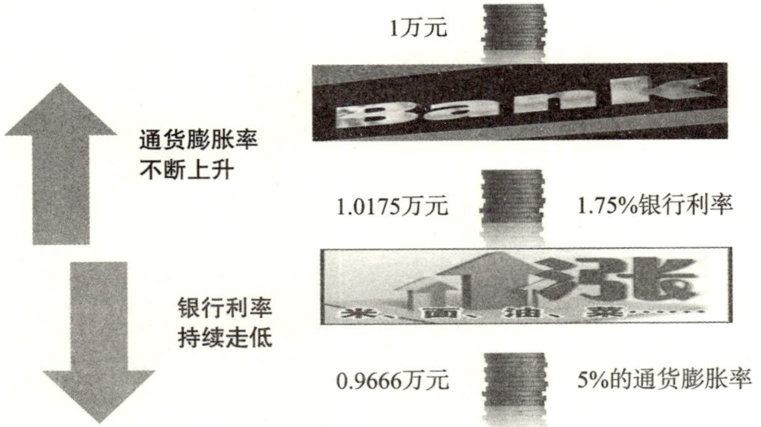

前者衡量起来很简单，我们以美元作为标的货币，2015 年 10

月 30 日，美元对人民币汇率是 1∶6.35，而到了 2016 年 10 月 30 日，美元对人民币的汇率则为 1∶6.78，汇率变动为 6.8%，同期人民币存款的年利率为 1.75%。换算下来，存入银行与换成美元相比，一年亏损了 5.05%。

而与物价涨幅进行对照则主要参考消费物价指数 CPI。如果利率高于 CPI，储户存钱是有利可图的，利率就是正利率；但是如果利率低于 CPI，储户存钱就是赔钱，那么就是负利率了。这种情形下，如果投资者只把钱存在银行里，会发现财富不但没有增加，反而随着物价的上涨缩水了。

那么，面对负利率如果不想让自己赔钱，读者应该怎样做呢？一般而言，抵御负利率的手段其实是有很多的，譬如将银行中的钱取出来投资于增值更快的产业当中，或者购买一些保值的消费品，再或者以理性的头脑和积极的心态进行投资等，都是可以抵御负利率的。因为你的投资收益越大，抵御通货膨胀的能力也就越强。

对于利率的现实意义，我们还可以参考这样一个广为流传的例子。

假定有这样两种职业摆在我们面前——歌手和医生，这两种职业在一生当中所得到的总收入是相同的，那么年轻人在选择职业的时候该选哪一个呢？这时就需要考虑利率了。

歌手这项职业是吃青春饭的，但随着年纪渐长，收入会下降，以至最终无人问津。医生这项职业则是吃经验饭的，在刚开始做医生的时候，收入是比较低的，但随着年龄的增加，收入会越来越高。

在选择这两种职业的时候，懂经济学的人应该选择将未来收入折算成当前的现金价值后，收入总额最大的那种职业。如何将未来收入折成现金呢？计算利率就可以了。如果利率高，未来收入的现金价值就低；如果利率低，则未来收入的现金价值就高。因此，职业的选择由利率决定，也就是说，利率高就去当歌手，利率低就去当医生。

歌手的早期收入较高，医生的较低，因为利息率是正数，同样的收入，越早获得，折合现金后财富越多。如果歌手一生的总收入与医生的总收入相等，若利率过低，那么医生拥有较高的折现财富；若利率过高，则会使歌手的折现财富高于医生。

也就是说，如果医生的一生总收入较高的话，那么就会有一个利率值使歌手与医生的折现财富相等。市场利率若高于此利率，那么选择歌手这项职业收益更大；若低于此利率，则应选择医生这项职业。

由此可见，负利率其实只是正常的金融处理方式的一种选择，面对产生负利率的金融环境，读者也可以做出自己的选择成功规避风险。只要懂得一点金融学常识，再善用灵活的头脑，面对负利率不坐以待毙，每个人都能够化危机为机会，让自己在别人因为负利率赔钱的时候赚得盆满钵满。

储蓄是保守的理财方式

最近十几年，因为互联网的出现，中国社会与国外世界的联系越来越紧密，中国人也渐渐了解了很多国际的先进理念。在这个过程中，一个名词走入了中国人的视野，那就是理财。

从古至今，我们中国人都有一个固定的观念，所谓“财从手上来”，除了意外的横财，剩下所有的财富都要人一点一滴地去赚，靠勤劳智慧去获得。但理财的观念，却让我们中国人开了眼界，原来不需要动手，只是懂一些知识，也是能够让“钱生钱”的。慢慢地，我们也懂得了“你不理财，财不理你”的道理。

理财有很多门道，关于这些我们以后再讲，我们这里需要讲的是最保守的理财方式——储蓄。不错，储蓄也是一种理财的方式，只不过因为它几乎没有投资领域的风险收益概念，因此往往被我们忽略。

储蓄，通俗一点来说就是把自己赚得的、节省下来的，以及短时间闲置不用的资金存在银行里。而从银行等金融机构的角度来说，我们将钱存进银行，是给了银行这些信用机构一项重要的资金来源，因此它是非常高兴的。

但同时读者要知道，将钱存进银行之所以能够得到一定的利息，是因为银行将我们的存款拿去投资了，比如拿出去放贷，再如兴建一些工程，投资于较高回报的领域，进行公共服务事业建设等，所以当银行赚到钱之后，我们也就能够得到极少的一部分分红。

关于这部分分红，我们可以看一个数据，2016 年我国定期一年的存款利率是 1.75%，也就是你将 10 万元存入银行，银行到一年期会给你 1750 元作为利息。而同期我国的贷款利率是 4.35%，也就是它贷出 10 万元给企业，到一年期可以获得 4350 元作为利息。

这样一算，银行等于凭空获得了 2600 元的利润。银行用你的本金，赚取了比你还高的收益，这样看来，储蓄真正的受益人其实是银行。所以，对于真正懂金融学的人来说，储蓄自然是必要的；但将更多的资本合理地搭配理财方式，则是更重要的。

一个节假日，一位金融学教授在自己所住的小区里跟身边的几个退休大爷下棋，而就在他们聊天的时候，教授的邻居老周在教授的面前夸耀："这不是放假了吗，女儿从上海回来了，一下子就给我们老夫妻俩捎回了 10 万元钱，说是以后工作忙起来肯定会顾不上家里，如果遇上什么用钱的地方还是手里有钱的好。"

这时，教授随口问道："既然是想着用来救急的钱，想必一时半会也用不到，你可要找个好点的理财项目让钱生钱啊！"

老周笑道："别看我不像你是个教授，可是说到理财那我怎么也算是理了一辈子的财了，难道就连让钱生钱的道理都不懂吗？这么大笔钱，我正准备着存到银行生利息呢！你以为我们这些老人就只知道跟过去一样放在自己的炕头上摸着睡呀！"老周大笑。

"存银行倒是不错，但是你打算怎么存呀？"教授又继续问道。

"我当然是存死期的了，闺女给的钱我们怎么舍得花，再说我们老夫妻俩身体都健康，也用不到吃药的钱，存死期利息还高，将来还可以给女儿当嫁妆呢！"

"同样是存钱，可是不同的存法最后的收益也是不同的，所以，存钱也是讲门道的！只有选择了好项目，才能够赚得更多的利息。你说想要存死期，是不是说的那种按恒定年利率 4% 左右存？"

老周想着闺女孝敬给他的 10 万元钱笑着点头回应。看老周点头，教授又继续说道："我还是建议你不要存死期了，那种存法已经是过去时了，现在又有了更好的存法，就拿现在较为流行的分红模式的储蓄来说吧，像你这种情况就比存死期要好得多！"

老周那一辈的大多数人几乎说到存钱就只知道死期与活期这两种最基础的储存方式，并不知道还有分红的储存方式，但或许是碍于面子，他有些生气地说道："这还用你说，我存的就是那种储蓄！"说完，老周就站起来悻悻而去，留下教授坐在那里哭笑不得。

储蓄有储蓄的好处，一方面是自由，什么时候想取什么时候就可以取；另一方面则是保险，只要不发生通货膨胀，银行里的钱就不会丢失。但问题在于，现在我们正面临着通货膨胀的问题，那么放在银行里就有点过于保守了。

而且，时代在变迁，社会在进步，银行的储蓄方式也在发生着不小的变化。此时，如果你拿不准现在适合自己的储蓄方式，完全可以到银行或是跟一些这方面的专业人士咨询一下，以帮助自己找到一种最优的储蓄方式。

当然，储蓄只是一种最低端的理财方式，对于年轻人来说，特别是对于一些高收入的群体而言，与其将所有的积蓄放进银行储蓄起来，倒不如选择将大部分的资金用于投资，少部分的钱用来储蓄，只有将储蓄与投资结合起来，优势互补，才能称得上最佳的理财方法。

储蓄 = 收入 − 支出 VS 支出 = 收入 − 储蓄

1886 年，甲午战争爆发 8 年之前，大清北洋水师应日本政府邀请派定远等军舰造访日本，当时，日本海军参谋伊东祐亨看到大清北洋舰队的军舰强大，料定中日必有一战，便立即要求海军部购入军舰，否则日本以后绝不是大清的对手。

日本海军部将请求汇报给天皇，天皇也非常重视，当即做出指示，每年从国家财政里拿出一大笔钱交给海军购买军舰。当时日本还是一个穷国，财政也并不富裕，因此财相提出一个问题，如果财政开支剩余的部分不够给海军的怎么办？天皇大笔一挥，财政先满足海军的要求，然后再考虑政府运作，等给海军的钱支出去之后，如果有不够的，财政再想办法。

天皇定下来的事情，没有人敢反驳，于是日本政府上下集体勒紧裤腰带满足海军的购舰要求，再加上全国上下的捐款，终于购入了一支能够跟大清海军叫板的军舰，并在甲午海战中获得了胜利。

历史的问题我们在这里不进行讨论，这里只是借用日本政府购入军舰的例子给读者上一堂理财课。购入军舰需要大笔的钱，如果我们将这笔钱看作储蓄，而财政收入看作收入，那么按照日本财相一开始的设想，储蓄的钱就应该是收入的钱减去支出，但这样储蓄明显是不够的，于是天皇决定，让支出变成了收入减去储蓄。这个变化的两边，其实就是人们日常理财两种不同态度：储蓄 = 收入 - 支出，以及支出 = 收入 - 储蓄。

对储蓄理财不了解的读者，可能看不出这二者之间的区别，但事实上，这两者之间的差异是很大的。它们反映的是两种截然不同的理财观念，而读者在日常金融活动中具体执行哪一个公式，其理财结果可能就完全不同。

不过，在解释这两种理财观念之前，还有一点必须要说明，那就是公式当中的储蓄未必就是银行储蓄，它指的只是一种资本的积累，积累起来的资本可以放到银行，也可以放到其他金融市场进行投资。

那么下面让我们先来看第一个公式，储蓄 = 收入 - 支出。这个公式理解起来没有什么困难：就是在获得收入之后，先不考虑储蓄等理财目标，而是先用来满足消费，在满足了各种支出之后，如果还有剩余，就将它存起来作为结余。

这一公式可能是大多数人采取的理财方式，它反映的是对财富没有计划、消费随意、储蓄盲目、缺乏整体的金融观念。在这种理财模式下，理财者能够积攒下来的金钱往往是非常少的，甚至有时可能是负数。

由于“收入有限，欲望无穷”，在先保证消费的前提下，储蓄往往最后都变成了“零”，甚至是负数。而当我们一旦遇到自己必须的大额支出时，如医疗、购房等，就会立马“傻眼”，因为我们会发现自己的储蓄账户可能连要支出的零头都不够。

在北京工作的郭亮，月收入 9000 元，一起毕业的同学里他这个收入应该算是不错的了，但工作四年来，郭亮居然什么也没攒下，这令很多收入不如他的同学都很不解。

有人问郭亮为何会这样，郭亮回答说：“自从第一个月发工资以后，自己渐渐觉得有钱起来了，想想 9000 元对于刚出校门的我是多大一笔数目。于是不是买衣服，就是出去旅游。当然有的时候也想着要存钱，但想想自己一个月有 9000 元这么多，少存个千八百的也不算什么，结果到了月底才发现，居然一分钱都没剩下。于是就安慰自己，这个月没存没关系，下个月开始也不迟，但谁知第二个月还是这种情况，就这样花钱变得越来越大手大脚，存钱的计划被一拖再拖。”

郭亮的经历应该让读者了解到前一个公式的弊端了。而后者——“支出 = 收入 – 储蓄”呢？则会产生完全不同的另外一种理财结果。

“支出 = 收入 – 储蓄”反映的是有计划、有目的的理财观念，它认为所有的支出都应该是必要的，如无必要，绝不会浪费积累下的资本。

后者的具体做法是，在取得收入后，先计划好需要储蓄多少钱以用于自己日后的必须支出，做到未雨绸缪。然后再把剩下的部分用于日常支出，甚至是不必要的消费。当然，用于储蓄的资金数量应该是适当的、有计划的，不能因为过度地追求储蓄而影响正常生活。

今年 30 多岁的刘奥吉，在北京一家私营大企业工作，从事办公室管理，每个月的收入也是 9000 元左右。工作不到 10 年，现在刘奥吉在北京五环有一套房子，70 平方米，市价约 280 万元，贷款已差不多付清；还拥有价值 20 余万元的股票基金，10 万元的定期存款，并买了一辆 15 万元的轿车。

刘奥吉的身家让一起毕业的同学们诧异不已，纷纷向他请教理财的经验。刘奥吉表示其实自己也没有什么特殊的窍门，只是懂得合理分配收入而已。

工资拿到手肯定要先保障自己的日常生活，但在此之外刘奥吉便不再有计划外的支出了，他给自己制定了一个每月存款数额，将要存的钱悉数存入银行或者进行投资，剩余的钱再用于其他支出。如果当月没有其他支出，那么剩下的钱还要存起来，而如果当月有超过预计的支出，就从银行取出一点，但再过一个月一定要记得补上。由此慢慢地就积攒了一大笔资金，而同时由于刘奥吉又懂一点投资，将积攒的钱大多数用来投资，由此身家就多了起来。

读者应该可以看见了，储蓄 = 收入 – 支出与支出 = 收入 – 储蓄虽然看似相同，却是截然不同的两种理念，它们包含着各自不同的理财计划，而我们日常具体选择哪一个，所得到的就会是相应的结果。

选择前者的人，虽然看似逍遥自在，却降低了抵抗未知风险的能力。而选择后者的人，一般都能攒下一笔数目可观的储蓄，为以后的生活较好地实现自己的各种目标打下基础。

第七课

理财与金融学

保险也可以用来理财

李嘉诚说过一句有趣的话：“别人都说我很富有，实在真正属于我的财产是我给自己和家人买了足够的人寿保险。”无论李嘉诚这句话是调侃还是为保险做广告，都或多或少地说明了保险在香港深入人心。

保险业在中国人心中的印象一直说不上太好，保险从业者在销售的时候总是唠唠叨叨、死缠烂打。虽然这种坚持的精神比较可贵，但把坚持变成不厌其烦地打扰别人，就难免让人心生厌恶了。

那么，抛开令人生厌的某些保险业务员不谈，保险到底是好还是坏呢？对于这个问题，我们是不好一概而论的。

2013 年的时候，赵先生通过朋友介绍，在一家公司购买了一份理财产品，当时互相的简单约定是：赵先生一年预存 5 万元，连续存 8 年，这期间公司有一项福利，就是为赵先生的家人担负医疗费用，最高可担负80万元。等到2021年，如果没有赔付，这笔钱就能够取出来，不仅能够得到固定的本金，而且还能够得到高额的利息，总计可达到56万多元。当时赵先生想着最近也不急着用钱，于是就听取了朋友的建议。

但是，到了2015年，赵先生因为要买房子急需用钱，所以就打算把这笔钱拿出来，但到了朋友的公司却被告知："这笔钱是不能动的，如果现在非要将钱取出来，赵先生必须赔付5万多元。"听到这样的解释，赵先生感到十分不解，经过一番细问之后赵先生才知道，原来当年自己购买的是一款保险类理财产品。而当赵先生跟朋友表示，为何当初没有说明这是保险的时候，公司的人并没有给予正面的回答，而是敷衍地说道："可能是有点误会。"

经过一番了解商讨之后，赵先生最终只好无奈地决定暂时不提前退保，但是经历过这件事情之后，他与朋友打交道时便多了一个心眼，那就是一定要提前将所谓的理财产品的各种规定问清楚，绝对不能再像之前一样糊里糊涂地将钱交给其他人打理了。

从赵先生的故事里我们不能直接就定义说赵先生被骗了，但至少理财公司为赵先生提供的"服务"是有违他的本意的，这也就是为什么很多人都对保险有所误会的原因。因为不正规的保险合约里，总会有很多让人不明所以的条款，稍微缺乏经验的人很容易踏入到这种有意或无意的陷阱当中。

但是，在一个正常的社会，保险又是金融世界或者人们生活不可缺少的一部分。大到商业意外险、天气保险，小到每个人的健康险、车辆险，这些都对我们的生活有着极大的影响。

随着我国的经济发展，各种保险都相继出现，车、房、人，什么样的保险都有。其实，这是一种好现象，保险种类的多样化，正说明社会在进步，社会人群的自我安全意识在提升。在西方发达国家，保险门类早就十分完善，甚至有一些匪夷所思的保险出现，给金融世界增添了很多乐趣。

英国一家保险公司曾经推出一种“外星人绑架意外险”，赔付方式自然是被外星人绑架。这种匪夷所思的保险，最后居然获得了270万英镑的保费，据说大部分投保人士来自美国加州。

一种日本蜘蛛蟹由于个头巨大而常常会把人吓到。某个水族馆为了向客人保证这动物不会伤人，联合一家保险公司推出了怪兽攻击保险，如果客人被攻击，该保险公司就会相应理赔。

荷兰一家保险公司推出了一种叫“彩票不中奖”的保险，保险内容是，如果投保人在一年之内52次（一年有52周）以上买彩票均没有中奖，保险公司将支付2500欧元。

各种保险的出现给保险在安全理赔功能之外，又增添另一个新的功能，那就是理财。

之前赵先生所购买的理财产品，其实就是一款理财保险，只不过他所投保的公司可能是怕保险的名字不容易吸引顾客，所以故意将它划分到了理财产品的范畴当中。其实从广义的角度讲，保险也可以被看作一款理财产品。

如果把我们手中的钱看作一辆汽车的话，那么投资就像是这辆汽车的油门系统，它可以帮助我们到达目的地，但是这一过程也要承担合理的风险；而保险类理财产品就像是这辆汽车的刹车系统，它可以在出现危险的时候给我们提供根本的保障，从而避免系统风险。

当然，保险作为理财产品也是多种多样的。你既可以根据自己的具体情况选择社保、人寿保险、分红保险、养老型年金保险等，也可以绕开保险选择买基金、股票、期货、黄金、房地产等。不管你选择怎样的理财项目，最重要的还是要确定将自己的钱投入得明白。

现在人口老龄化越来越严重，我国政府的养老负担也随之越来越大，人们也越来越关心个人养老的问题。对于这一方面，读者要了解，养儿防老的时代早已过去，所以现在理财保险产品当中最受人关注的便是养老保险。

不成体系的理财计划对于你是有害无利的，而如果总是一味地偏爱收益较高的投资商品，但是又不采用资金保值与风险配套措施，这样就往往容易导致很多钱财最终以投资失败而告终。所以，有了理财计划之后，投资者还是应该注意进行合理的规划，以确保自己在获取高额利润的同时还能够有较为保险的稳定现金。

炒黄金的中国“大妈”

2014 年有一条新闻，曾经被引为笑谈，新闻的标题是《中国“大妈”宣战华尔街》，新闻内容则是中国人在国际市场大肆购买黄金。

据称，当时全球金价下跌，中国人掏出 1000 亿元人民币从国际市场上买走 300 吨黄金，而购买黄金的主力则是中国中老年女性，俗称中国“大妈”。这消息一发出来，不仅让中国“大妈”们一战成名，黄金的价格也在中国“大妈”的影响下发生了戏剧性的变化。

世人眼中只升不跌的黄金，在“大妈”的炒作下，一贯只有金融界关注的黄金价格居然成了社会热点。“大妈”们的热情并没有止住金价下跌的趋势，短短几个月，黄金价格就从1900多美元/盎司跌至1230美元/盎司，很多国人都对“大妈”的“愚蠢”发出了嘲笑。

然而，两年多的时间过去了，现在结果如何了呢？国际金价虽然没有保障，仍然保持在1300美元/盎司左右，但黄金的人民币价格却上涨了30%不止。要知道，“大妈”们购买黄金用的就是人民币，因此从这个角度讲，“大妈”们其实是赚了钱的。更关键的是，这两年股市低迷不振、基金全线走低、期货时好时坏，只有“大妈”们的黄金收到了年平均15%以上的回报，从这个角度来看，真不知道谁才是愚蠢的人。

当然，中国“大妈”们投资于黄金并不是因为她们掌握了我们没有掌握的金融奥秘，这场投资风潮，说到底其实是一个误会。

“大妈”热炒黄金，一方面是出于中国人对于黄金的朴素热爱，另一方面也是因为中国理财市场上金融产品的不足。

事实上确实如此，中国的投资渠道太少了，相较于其他金融产品，很明显“大妈”们更加相信和了解黄金。一旦把她们的投资产品换作人民币购买的债券或者银行发行的理财产品的话，她们就需要担心是否有发生贬值的可能，而黄金是极少出现这种情况的。

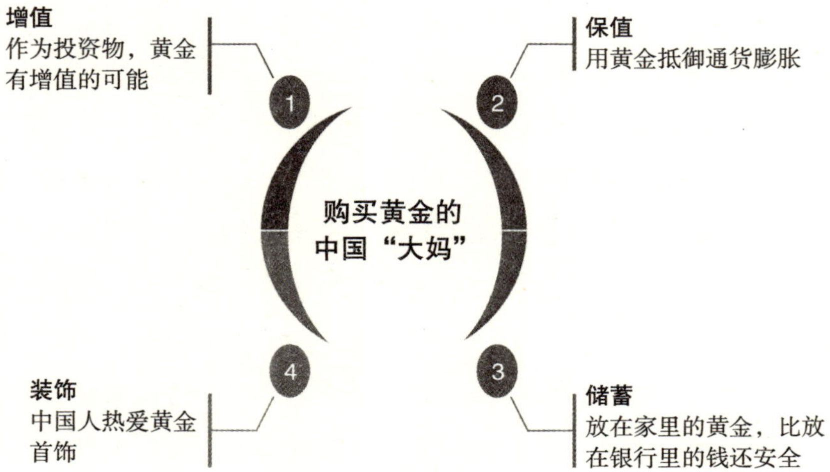

古人有“寸金难买寸光阴”这一说，一方面说明时间不能用黄金去衡量，另一方面也说明了黄金的价值，黄金是非常“值钱”的东西。黄金在古代的时候主要作为货币来使用，长期以来都具有非凡的价值，不仅是用于储备和投资的特殊通货，同时又是首饰业、电子业、现代通信、航天航空业等部门的重要材料。由于黄金的诸多用途和保值功能，现在越来越多的人把黄金当作一项投资来经营。把自己的资本投资在黄金上，也可以说是给自己的资本买下了一份投资保险。

由此可知，黄金对投资者的吸引力远高于其他投资产品。黄金定投，适合抗风险能力中等的投资者，比如一些“月光族”和没时间投资理财的“上班族”等。对于那些需要抚养孩子的父母来说，他们可以通过黄金定投来规划子女教育金和退休养老金。黄金定投可以“强迫”客户定期进行投资和资产积累，应急避险，能够有效理财。回过头来再看中国“大妈”们炒黄金的行为，也正是因为她们都看到了这点。

不管在什么时代，不管在中国还是外国，都有不计其数的人为黄金着迷，为什么西班牙的征服者为黄金而战？为什么克朗代克河的探矿者冒着生命危险去寻找黄金？黄金的价值是一个谜，人们对它的投资如此固执也是一个谜。对于这个问题，我们从金融学的角度来看，首先是因为黄金的货币属性。关于这一点，我们在本书之前的章节已经有所提及，除此之外，黄金还具有以下四方面的特点：

第一，可塑性强。1盎司的黄金能够被敲打成100平方英尺的半透明薄片。黄金的伸展性独一无二，1盎司的黄金能够被拉伸成超过50英里长的金属丝。它是极好的光线反射物质，也是电和热的最佳导体。不仅如此，黄金也不易腐蚀和生锈。

第二，用途广泛。这种黄色的金属，可以广泛地应用于各种技术用途。从电子电路到牙科材料，再到美国国家航空和航天管理局的航天服中镀金的头盔，黄金在各种工业应用中都大受欢迎。

第三，外观漂亮。纯金可以被做成惊人的艺术品。图坦卡门的石棺如果是用锡片，而不是黄金做成的精美薄片覆盖，它还会这样价值连城吗？当然不会。黄金内在的美和吸引力，是黄金价值一个非常重要的部分。

第四，稀缺性。物以稀为贵，如果黄金是像一般的石头能够随意获取的东西，那么黄金就不会有现在这么高的价值，也不会成为投资者眼中的香饽饽了。就算有了现代化的生产技术，黄金仍然很难获得，而且开采成本高昂。正是因为黄金的供给有限，它的价值才会变得比较高。

因此，我们说，黄金是最适合投资的一种物品。不过需要指出的是，对于黄金的投资，还需要结合具体的国际金融形势以及国内金融形势。譬如在通货膨胀严重的社会当中，黄金作为稳定的投资物，是最佳投资产品，但在一个正常发展的社会，尤其是在社会整体利息率不断上升的社会，那么相对来说，投资于黄金便成了一种保守的行为，甚至会丧失一部分的利润。

基金到底靠谱不靠谱

2016年年初，关于私募基金某某宝的新闻频繁见诸报端，该基金一开始以高出市场利息几倍的回报吸引了大量的社会资本，很多人禁不住高回报的诱惑，将钱投入其中。

但在该基金进行的后期，调查机构发现，该基金并没有固定的回报来源，所谓的高回报完全是拆东墙补西墙的庞氏骗局。最终，事情败露之后，该基金被金融管理机构查封。

这个新闻曾经引发社会广泛讨论，很多不了解金融的人士也加入了进来，很多人都提出一个问题，基金到底靠不靠谱呢？解答这个问题，我们先要了解一下什么是基金。

基金，说简单一些，就是资本的托管机构。你有钱并且想投资，但却不懂得如何投资，那么你便可以把钱交给一些专业人士来帮助你投资，然后给他一定数量的佣金。这个专业人士以机构的形式出现，便是基金。中国的第一只基金出现在2001年9月21日。

2001年9月21日，中国第一只开放式基金“华安创新”的诞生对于证券市场具有划时代的意义。老吴把基金当作良好的“集合资金，专家理财”的投资产品，所以他决定买下这只基金。

“华安创新”让很多人认识到了股票型基金。不过基金的种类不仅有股票型，还有风险较小的债券型基金和货币型基金，另外还有 ETF 和 FOF 两类基金。对于投资者来说，为了规避证券市场上的各种风险，在购买股票型投资基金的同时，还应该配置适量债券型基金，为保持资产的流动性，货币型基金也是不可缺少的。这样，投资者就可以分散风险，使收益更有保障。

作为一个普通人，老吴时刻关注着新的投资产品的出现，2007 年 7 月，作为创新型基金的“工银红利”正式诞生。这只基金是集开放式和封闭式优点于一身的创新型基金，在基金建仓时，为给投资者创造更多收益，基金规模是封闭的。另外，在满足分红条件的情况下，一年的分红最少也有四次。这样的话，投资者更有保障。老吴在购买这只基金的 3 个月后，通过首次分红，获得了近千元的收益。

和老吴一样，大多数投资者都是不懂基金的普通人，如果有些人想把自己的钱投资在基金上的话，就要慢慢学习基金的相关知识，购买和基金相关的书籍或到相关网站上看专家的点评和他人的投资基金经验之谈，从而加强自己对基金的认识，进而通过基金让自己获利。

从这个角度看，基金可以帮投资者获利，还有什么不靠谱的呢？基金的不靠谱在于，它不仅能够帮投资人获利，很多时候，它还需要投资人承担风险。

2008 年股灾时，某只基金曾经跌到原价值的 5%，也就是说投资人投入了 100 万元转眼就变成了 5 万元，这样的基金当然是我们要小心躲避的。

所以，对于基金理财来说，选好一只基金就是非常重要的事情了。那么，如何鉴别好的基金呢？从最简单的金融学知识来看，读者需要了解以下几方面：

第一，好的潜力基金要有一个好的管理人。如果我们不是基金专家，那些潜力非常好的基金我们一般是看不出来的，这时候我们就要给自己找一个熟悉而且信得过的基金经理，这是非常重要的。

第二，公司的业绩是否稳定是我们选择基金公司的一个重要指标。

第三，基金的招募说明书非常重要，着重看书中对投资方向与投资理念的介绍。

第四，看基金的规模与担保人，按照中庸之道选择基金，规模适中的基金更有保障。

从上面我们不难看出，要想选择一只好的具有潜力的基金并不是一件容易的事情。不过总的来说，投资基金的风险还是要小于投资股票的。

但读者也不能就把投资基金当成赚钱的灵药，选择基金的时候需要慎重考虑，买定一只基金后，就一定不要频繁地申购、赎回。

此外，读者要对基金的投资收益率设定一个合理的个人预期，才不会因为期望过高而对基金产生一种负面的理解。购买基金要讲究投资组合，均衡投资很有必要，只有与自身风险收益偏好合理匹配的投资组合，才能让投资者在基金投资中获得长期稳定的收益。

作为同样吸引了很多投资者的股票和基金虽然有相同点，但也存在很多的差别。

股票是由上市公司直接发行的，投资人可在证券营业部直接买入和卖出，由于普通投资人缺乏专业的技术和经验，也欠缺灵通的消息渠道，对大势难以做出正确的判断，在股市中获得收益的可能性比较小。而基金是让专家帮自己炒股，所以风险相对较小。

对比基金和股票：前者风险小，而收益也少；后者收益大，而风险也大。读者在投资市场上不管是选择投资基金还是炒股，都应该量力而行，不能盲目追求高收益，以免让自己的钱白白打了水漂。

把希望寄托在明天的期权理财

当你和一个姑娘谈恋爱时，你对这个姑娘说："你别看我现在这么寒酸，我祖上可有钱了……"你猜这么说有没有用呢？相信多半是没有用的。但如果你对这个姑娘说："你别看我现在这么寒酸，我以后一定会发展得很好……"如果这个姑娘十分爱你，说不定是有用的。

但如果在这个说辞上面，你再加上一二点证据，让这个姑娘看到你未来确实可能会"很有钱"，那么这个姑娘多半是会感兴趣的。从金融学的角度来看，这个姑娘看到的是你未来的价值，这在金融学上面有一个名词——期权。

在亚里士多德的著作《政治学》当中，我们看到有这样一个古老的故事：

古希腊哲学家泰勒斯十分聪明，但却不懂得生产，因而总是陷入贫困当中，更因此遭到城邦公民的耻笑。大家嘲笑泰勒斯所掌握的哲学知识没有任何价值。显然，擅长占星术的泰勒斯并不这么认为，他很快向世人证明了自己的才能。

有一年冬天，泰勒斯通过观测星象预测到来年的秋天当地的橄榄将会是百年才能一遇的大丰收。虽然他很穷，可是他拿出了自己仅有的一点积蓄，秘密找到了当地所有的橄榄油压榨机的主人，他希望和这些人达成一项协议：泰勒斯付给每人一笔定金来买下一份“期权”，“期权”的内容就是明年秋天的时候，他能优先用平常的租金使用压榨机主人的压榨机。因为当时没有人有泰勒斯这样的想法，所以他付出的代价非常小。

第二年的秋天，当地的橄榄果然获得了大丰收，压榨机变得供不应求。泰勒斯有了向求租者漫天要价的机会，当地人怕橄榄烂掉，只能接受泰勒斯的价格。通过这次买卖，泰勒斯发了一笔横财。

泰勒斯当然不了解什么金融知识，但他的所作所为，却恰好符合金融学关于投资理财的一个理论，这个理论就是将未来的权利或货物在当下进行折价，以便在当下就可以因为未来而获得收益。

泰勒斯一开始因为穷，不懂得有效、实用的谋生手段，所以被人看不起，但是一次对期权的买卖却改变了他的贫穷，让大家都知道了哲学家的厉害。如果按现在的标准来说，泰勒斯不仅是哲学家，还是天文学家和经济学家。

泰勒斯向压榨机主人购买的是一种权利，而这种权利让他获得了足够的财富，这是一种具有超前意识的金融眼光，是泰勒斯运用自身学识和聪明的结果。

2000 多年前的古人就学会了运用期权知识来为自己谋取利益，现代人更应该对期权有更透彻的认识和更合理的利用。

现代的期权理财，简单来说就是进行期权合约交易并从中获得财富。我们最为熟悉的期权交易大概就是房屋租用权了。

当人们不能或者不愿意将房屋买下，但是我们又需要使用这个房屋的时候，我们就可以和房屋的主人商议，将自己要使用的房屋以一定的价钱租用一定的时间。当双方签订完合同之后，从合同规定的日期起，我们获得了房屋使用的权利，这就是一种最常见的期权交易了。当租用权到手之后，我们用租下的房屋做生意赚了钱之后，我们就从这笔期权交易中获得了收益。

与此同时，证券市场也存在期权交易。证券市场上的期权分为看涨期权（也叫买进期权）和看跌期权（也叫卖出期权）两种，这两种期权对投资者来说有不同的作用。

投资者买了看涨期权之后，就能够在期权有效期内的任何时间按照协定价格向其他人买入之前规定数量的某种证券；投资者买了看跌期权之后，就能够在期权有效期内的任何时间按协定价格向他人卖出之前规定数量的某种证券。

此外，在公司管理方面，也存在内部股票的期权交易。一些现代化企业管理者为了更好地管理和运营公司，就用到了股票期权。很多公司把原本面向任意投资者的可转让合约，变成公司内部制定的面向特定人的不可转让的期权。

这些实行股票期权的公司采用这一制度的目的有两个：激励员工和留住人才。

当股票市价下跌时，公司就收回所发行的旧期权而代之以新期权，也就是所谓的“掉期期权”。如此一来，就算公司股价下跌，公司的其他大股东会遭受损失，但员工却能从中获利。这样一来，就能激励更多的人为公司的未来而努力。

为了留住人才，很多公司对股票期权附以限制条件，一般是规定得到期权的人在一年内不能够行使该期权，第二年至第四年（期权持续期通常为十年）才可以部分行使。这样一来，当有人在规定时间内离开公司，他就会丧失剩余的期权，这种期权制度就变成了公司留住员工的一副“金手铐”。

总的来说，期权是一种比较复杂和高深的理财投资方式。期权理财做得好，可能会给你带来巨大的财富，但如果做不好，很可能还没有摸清楚这个市场的规则，便已经输得倾家荡产了。所以，在这里奉劝读者，期权理财必须要谨慎对待，在没有彻底了解之前，不要贸然进入期权市场。

高端、大气、上档次的外汇理财

在前面关于存钱是否等于赔钱的讨论中，我们曾经做过一个对比，即将美元以不同汇率兑换成人民币，以此来证明人民币的贬值。在对比讨论的时候，我们留下了一个问题没有解释，那就是，这种因为汇率而变动的问题是否可以加以利用？答案是可以。

利用汇率的变动，我们不仅可以让自己的钱保值，还可以实现增值，而增值的方式便是外汇理财。关于外汇理财，让我们先来看这样两个流传很广的笑话：

2009 年，一个美国人带着 10 万美元来中国旅游，他用手里的钱兑换到 68 万元人民币，在中国吃喝玩乐了一年，花了 18 万元人民币。2010 年，他要回去了，到银行去，因为人民币兑美元升值到 1∶5，这位美国人用剩下的 50 万元人民币兑换到了 10 万美元。来时 10 万美元，回去还是 10 万美元，还高高兴兴地玩了一年。

另一美国人也效仿他，拿 10 万美元换了 68 万元人民币，花 50

万元买了套房子，吃喝玩乐花了18万元，想回去了，房子不能带走只好卖了，结果房价涨到了100万元，刚好能换20万美元，于是美国人说：我们玩也是在挣钱。

这两个笑话当然是虚构的，人民币和美元的汇率走势也不像笑话中说得那样离谱，但从这个笑话中，读者应该大致了解外汇理财是怎么一回事儿了。

国际上因贸易、投资、旅游等活动，总免不了产生货币收支关系。比如说，中国游客想要去美国旅游，那么首先就涉及外币转换的问题。中国游客需要把自己的人民币兑换成美元，然后才能在美国自由购物，享受旅游假期。如果中国游客不将人民币兑换成美元的话，即便他的手中有着高额的人民币也无法在美国购置任何物品。因此，货币兑换势在必行。

因为各国的货币制度不同，为了更好地理解货币兑换的意思，有人又把它称为买卖外币，但实际意义都是兑换货币的行为。货币兑换涉及一定的场所，这个场所通俗点来讲就是外汇市场，而两种货币之间的兑换比率就称为汇率。

有人曾说，外汇市场是投资领域中最高端的市场。说这句话的人，显然对外汇操作有一定的理解。在外汇市场中从事投资，通俗点来讲和20世纪90年代的“倒爷”是一个意思。为什么这么说呢？事实上，外汇投资者与“倒爷”是有一定的共同点的。

众所周知，“倒爷”的活动就是从物价便宜的地方购置货物，然后再到物价昂贵的地方去销售货物，从中赚取两地物价之间的差价。外汇投资也是如此，譬如，投资者先用100美元购买了621元人民币，等到人民币升值，也就是美元贬值的时候，投资者就可以再将人民币兑换成 103 美元，中间就可以净赚 3 美元。这也是外汇市场中最简单的投资操作。

可以看出，外汇市场的投资行为与“倒爷”的投资行为，两者有着极大的相同点。它们都是利用差价，形成自己的收益。因此外汇市场的投资行为也常常被称为拿钱“倒腾”钱的活动。

2016年人民币对美元走势图

一年前的1∶6.3到一年后的1∶6.8，人民币相对美元贬值8%

在国内消费或者进行其他支付时，只须用人民币就行了，但如果我们出国或者给国外的亲人汇款，就需要换外汇了。所以外汇交易就成了与人们日常生活密切相关的存在。其实，外汇也是一种特殊的商品，换汇实际上就是买卖外汇的过程。

买卖外汇，投资者既可以赚取汇率差价，也可以将手头上的一种外币转换成利率更高的另一种外币，借此获得更多的利息。近年来，外汇逐渐成为继股票和债券之后的又一投资热点。一手交钱，另一手也交钱的投资有炒股、买卖外汇等形式，这些形式的投资都是用钱来换钱。

外汇投资，实际上属于一种投机行为，因而常被人戏称为投资领域的高明手法。事实上，这种外汇交易的赢利主要有两种方式：一是通过套利交易，在适当的时候把低利率货币换成高利率货币，获得高利息收入；二是通过套汇交易，把可能贬值的货币换成可能升值的货币，获得汇差收入。

巴菲特曾经说过："中国的外汇市场是中国金融市场的重要组成部分，在完善汇率机制、推动国际货币的兑换方面发挥着不可替代的作用。"事实也确实如此，我国的外汇市场从1994年进行了体制上的重大改革之后，彻底改变了以往市场分割、汇率不统一的局面。它在服务金融机构、保持人民币汇率稳定、支持经济增长和改革开放方面发挥了重要作用。外汇市场的合理设计，让那些外汇市场中的投资者更是如鱼得水。

投资者在外汇市场中最为关注的就是汇率的问题。从国家的角度来讲，汇率的高低，直接关系人民币贬值和升值的问题。十几年前，日本迫于美国的压力被迫升值，而美元在这样的情况下却稳步贬值。这一举动引发的后果便是，那些手持日元的美元投资者大赚了一笔。中国在发展外汇方面也受到了来自其他国家的压力。

日元的人为升值，使得海外资金蜂拥进入日本市场，再加上日本宽松的货币政策，导致日本产生了严重的资产价格泡沫。时至今日，这一经济困境仍未完全摆脱。由此可知，外汇汇率的发展不能进行人为的干预，而是要遵循经济发展的规律。

外汇结构存款将不断创新。在原有的基础上，还会出现一些新的内容，比如加入远期利率的概念、固定收益与浮动收益更复杂的结合、汇率结构对于利率结构的补充、选择权的多样化等。对于投资者来说，虽然增加了选择产品的难度，但也丰富了投资组合，能更好地满足不同的投资需求，使整个市场更加合理。

第八课

消费与金融学

消费主义的是与非

何为消费主义？简单来说就是追求物质或精神上的获得，以消费财富的形式满足自己的需求。公共知识分子认为，消费主义会改变中华传统以节俭、勤勉为核心的民族道德，促使人们追求感官等享受，无节制地消耗物质财富，无节制地索取，而忽视努力奋斗和辛苦创造的重要性。如果事实真的如这些公共知识分子所言，那么消费主义确实是要不得的。

消费主义最大的问题在于，导致社会价值观出现危机，除了扭曲价值观之外，消费主义还会导致几方面的问题。

一是资源浪费。消费主义促进社会需要的增加，从而导致了生产的无限扩大，生产对自然资源的无限索取。与此同时，消费主义主张个人的无限消费，同时又提倡高档消费、过度消费、时尚消费、超前消费、一次性消费等，这都会导致大量资源的浪费。

二是拜金主义。消费主义的支撑需要持续性财富的创造，但有趣的是，缔造消费主义的人群往往是没有财富生产能力的人群，如学生、高校毕业生，他们创造财富的能力有限，完全不够支撑他们的消费水平，在这种情况下，他们对金钱的渴望就变得更加强烈，进而陷入拜金主义当中。

这样讨论，消费主义似乎如洪水猛兽一样，但话分两头说，消费主义就没有一点好处吗？其实也不尽然。美国战后的经济迅猛发展，尤其是2000年前后的几年步入黄金时代，一部分就是消费主义的功劳。由此看来，消费主义也有很大的正面作用。

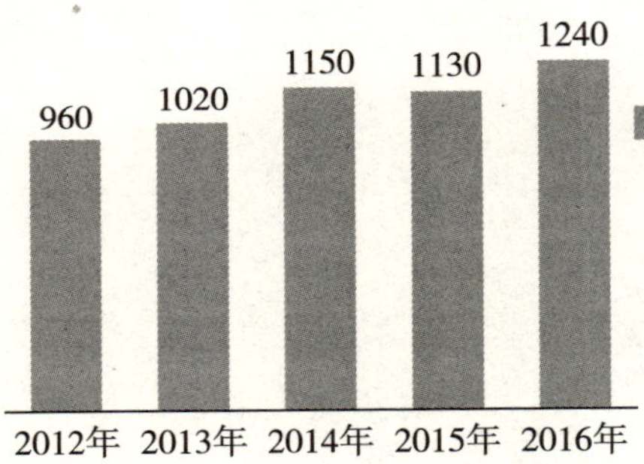

中国奢侈品年销售额（单位：亿美元）

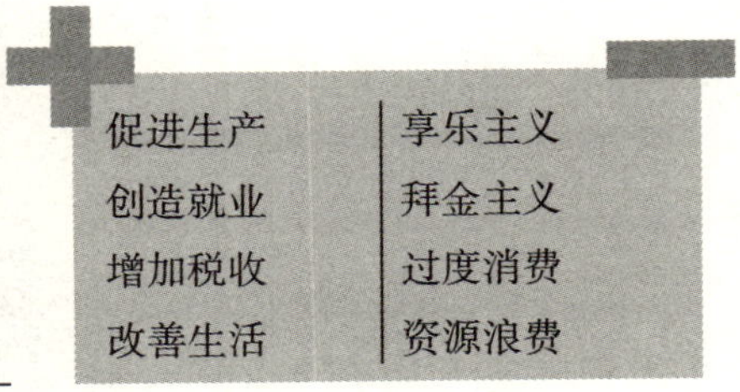

消费主义的利与弊

消费主义能够促进生产。生产是经济活动的动力，如果没有需求，生产也无从谈起，而消费就是为生产创造需求。我们今天一直在提一个名词叫扩大内需，扩大内需最直接的方式（同时也是最良性的方式）便是增加社会大众的消费。只有大家消费的需求增加了，工厂才能开工，商店才能开业，社会经济也才能正常运转。

消费主义促进了创新。消费主义的深层次发展，并非仅仅创造需求，还能够深挖需求，因为需求层次的提高，导致生产必须加以创新。我们看最近十年，仅电子产品领域就出现了许多重大的创新。电脑从一个家庭大件变成了人手一台的普通电子产品，手机从最原始的通话机变成了现在的智能手机，关键是价格也越来越便宜。

总的来说，消费主义是利弊共存的，说消费主义不好的人，更多地只看到它不利于社会的一面，却没有想过如何把它引导到正确的轨道上去。

从金融学的角度讲，消费创造生产，创造社会经济流动，创造金融流动，没有消费主义，便没有我们现在繁荣的市场经济。所以我们要做的不是抵制消费主义，而是如何让消费在一个可控的范围内发展。

分期付款的奥秘

信用贷款越来越普遍，让很多人能够提前消费自己心仪的物品，这本来是一件好事，但看了下面这两个故事，相信很多人便会觉得头皮有些发麻了。

志军是一家企业的白领，一个月工资加福利能拿到手的有 8000 多元。作为北京人的志军不缺房子，收入也不低，因此一直想买一辆好车。2015 年年底，志军看中了一辆价值 100 多万元的车，咬了咬牙就把车买了下来。当时首付交了 30 万元，剩下的从银行贷款 70 万元，分 5 年还清。

没想到的是，2016 年年初，北京再一次限制汽车牌照，再加上这款车因为种种问题突然大降价，车价直接降到了 80 万元，志军一下子就着急了，自己还有不到 70 万元的欠款没还，这车就要降到 80 万元了。

于是志军想把车出手，以防车继续降价，自己就资不抵债了。可是，到市场上一打听，没有人敢出高价，最多有人出到 60 万元，因为大家都不敢保证车价的降幅。

如果按照这个价格算的话，志军就相当于只拥有 60 万元的资产了，还欠银行 70 万元，再加上利息和罚息，靠工资还款几乎是很难了。这一下，志军就从一个拥有 30 万元资产的人，变成了倒欠银行 70 万元的人，手里剩下的就只有一台不知道还会不会降价的高档车。

故事中的志军是被分期付款的形式套牢了生活。当然，读者可以说他之所以被套牢，是因为过分追求了自己能力之外的消费，关于这一点我们之前已经讨论过了，这里要阐述的，其实是介绍分期付款这种金融形式。

分期付款指的是购买消费品或取得劳务时，消费者只支付一部分贷款，然后按合同分期加息支付其余贷款，这种方式多用于高档耐用消费品如房屋、汽车等，属于中长期消费信用。

随着消费水平的提高，消费结构中满足生存需要的消费所占比重降低，满足发展和享受需要的消费所占比重提高，对耐用消费品的需求提高。高档耐用消费品通常价值较高，使用年限较长，完全依靠家庭和个人的资金来满足对这类消费品的需求，一般需要较长时间的积累，客观上，这就要求通过分期付款来提前满足其消费需要。在发达国家，分期付款的形式一直是社会消费的重要组成部分。

例如，在美国，分期付款购车的比例高达 80%，美国每 10 辆售出的新家用车中就有 8 辆是通过各类贷款实现的。仅新车贷款产生的利息收入便高达 200 亿美元。有关研究指出，如果没有汽车贷款，美国年新车销售量至少要减少 50%，约 800 万辆。

汽车是如此，房子是如此，其他高档耐用消费品也是如此。而当前，随着人们消费观念的开放，分期付款也开始向小件商品，如手机、家电等转移。按照这个趋势，分期付款将会成为社会主要的消费形式之一。

分期付款在带来个人消费便利的同时，当然也有问题存在，而最大的问题其实是在利息陷阱当中。

举个例子，某人用分期付款的方式购买了一部苹果手机，原价为 4399 元，按照分期付款 24 期的方式，此人每月需要分期支付 205.3 元，24 个月的总计金额就是 4927.2 元，24 期需要支付多出 12% 的金额。

这个 12% 对手机价格而言并不明显，但如果扩大到一辆汽车、一栋房子，这笔金额就不是小数目了。而且，这个算法其实还有着一些猫腻，因为分期付款的支付方式，其实就类似于年金，而年金终值的计算结果是远远高于算数叠加值的。

然后再想一想房地产动辄 480 期或 360 期的还款时间，以及动辄成千上万元的分期付款金额，即便以 1% 的利率作为年金利率，也是一笔极大的金额。

更为关键的是，当你分期付款无法支付的时候，还有高额的罚息。关于银行罚息的新闻，我们常有耳闻，总而言之都是一句话，分期付款可能一不小心就掉入了银行的陷阱里。

分期付款作为一种金融形式，除了给人以诱惑之外，还存在极大的风险。作为一个聪明的消费者，不仅要看到分期付款提供的便利，还要看到其背后隐藏着的风险，并时刻小心不要深陷此中。总之一句话，分期有风险，付款需谨慎。

免费商品背后的金融奥秘

“新用户只需要0.5元！”“你打车，我们来买单！”“春节送你回家，1亿红包等你拿！”看到这样的宣传语，已经被蒙骗怕了的中国消费者一定会觉得这又是商家想出来骗人的噱头。然而，在前两年打车软件互相PK的时候，这一幕却真实地发生在了我们的生活中。

用户打车，出租车提供优惠，这当中的差价由打车软件补偿。这不由得让很多人都发出一个疑问，打车软件如此烧钱争抢用户，让顾客和出租车两头占便宜，那么它们的利润从何而来呢？

2015年春节联欢晚会现场，微信团队拿出巨额资金与中央电视台春晚栏目联手推出了“微信摇一摇互动”项目。在春节联欢晚会播出时，微信用户只要开通微信钱包，然后再摇一摇手中的手机，就能够获得春晚和腾讯公司送出的祝福和红包。

“看春晚，摇红包”一时间成为当时最热门的词汇，在除夕夜当天，微信红包总收发量超过了10亿次，央视春晚微信摇一摇互动总量达到了110亿次，峰值时达到了惊人的8.1亿次/分钟，仅除夕夜一晚，腾讯公司就派发出了数亿元的红包。自己掏钱给用户发红包，腾讯公司图的是什么呢？

就像我们在上面提及的那样，作为一家商业机构，出发点一定是为了利润。但是，无论是打车软件，还是微信聊天工具，它们带给用户利益的同时，却往往不收取用户的钱，甚至还给用户钱，这是怎么一回事呢？如果不懂得一点金融学知识，一定会被这样的行为搞糊涂，还以为这些公司是公益性组织呢！

它们当然不是公益性组织，在看似反常的行为背后，其实隐藏着巨大的金融奥秘，那就是现金流。

用户使用打车软件时，往往会预存一定的资金在打车软件绑定的第三方支付系统里，这样下去，第三方支付系统里便会沉淀进入大量的资本。

大众在使用微信的时候，为了更加便捷，往往会开通微信钱包。譬如大众想用微信充值话费，首先要确保微信钱包里有钱，大众要收发微信红包，也要开通微信钱包。这样下去，微信钱包里也会沉淀进入大量的资本。

这些资本放在那里，就等于是一大笔的现金储备，数以亿计的用户为微信等第三方机构提供了大量的现金流，让它们拥有很多金融机构都无法望其项背的金融储备，它们可以利用这些钱从事低风险的资金投资和拆借，而这当中就存在巨大的利润。

2015 年微信报告显示，微信的支付用户已经超过 4 亿人，我们假设这 4 亿人每人只向微信钱包里面存放 100 元，加在一起就有 400 亿元人民币，即便按照最低的投资利率（同时意味着风险最小），每天也是一大笔收入。

而在打车软件的拼杀背后，隐藏着的也是以支付宝为首的第三方支付机构为现金流而展开的白刃战。可以这样说，我们这个时代很多成功的企业，之所以获得了成功，就是搞懂了金融，在金融世界里获得了比商业更多的财富。

作为一个商业平台，支付宝一直是免费提供服务给用户的，这当中不赚任何钱，但阿里巴巴却成了中国最成功的企业，这就是因为在淘宝交易的时候产生的巨大现金流。

首先，巨大的保证金积累。假如一个卖家向淘宝平台投放了1000元保证金，现在淘宝上面缴纳保证金的卖家不下八九百万，这个数字算下来就超过80亿元人民币。这笔钱是放在支付宝账户上不动的，将它们投入到最低风险的金融投资当中，即便年利润为3%，这笔钱一年也能产生数亿元的利润。

其次，买卖双方的现金流。2015年，淘宝全年营业额超过3万亿元，仅“双11”就超过900亿元，这么庞大的现金流量，即便平均放在支付宝里面不到10天，也能够创造数十亿、上百亿元的利润。

这些为我们提供免费服务的企业，切切实实地从免费的生意中赚到了大钱，这说明了什么呢？那就是在当下的商业体系中，善用金融的人，可以变换各种方式获得让我们瞠目结舌的利润。

如果时间回到20年前，读者绝不可能想象免费就能够得到某些服务，甚至在10年之前，当免费的东西出现在你的面前时，你也会下意识地产生警惕和怀疑。但是到了今天，你已经可以安然地享受这些免费的服务了，因为随着金融市场的发展，更多样化的金融手段让资本可以更自由地流通，而在资本流通过程中形成的财富洪流，是大多数人都想分一杯羹的。

从企业的角度讲，免费的模式虽然不能够直接带来利润，但也让企业的获利方式变得更加多样化，在一些看似不可能创造巨额利润的商业领域，真实地掘出了巨大的宝藏。

心理学家认为，社会大众总是倾向于低估商品和服务的价值，因此，企业为了迎合这种心理，最好以一个较低的价格（低于用户的心理预期）开始，先把用户请进商业模式中来，然后当用户意识到这种商品和服务的价值之后，再想着赚钱。

在金融市场完全开放之前，企业习惯了靠卖东西来赚钱，企业研发一种商品或提供一种服务，大众作为消费者必须为企业的行为买单。但在金融繁荣的时代，大众手里的钱就能产生财富，只要通过有效的金融途径即可。

第九课

房地产与金融学

住房贷款的是与非

房车，它像大客车一样行驶在公路上，而里面的生活空间一应俱全，有床铺、浴室、厕所、厨房，更有甚者连客厅都有，拥有它的人可以在里面生活，而现实当中也确实有不少美国人就住在这样的车里面。

曾经我们将房车作为美国贫富差距的标志，大言不惭地说：美国也有无立锥之地的穷人，连房子都买不起，就只能住在房车里。但是现在，这种话我们多少有点说不出口了，因为和美国一样，我们社会上也出现了大量买不起房子的人。

那些原本怀抱着各自理想走出校园的80后、90后们刚进入社会就被房价当头浇了一盆冷水，几乎全都在领到房产证的同时无奈地沦为了房奴。

不过，就在年轻人手头紧缺，望房价生畏的时候，各大银行为大家准备了一套房贷盛宴。如果你现在没有钱，没有关系，你可以从银行预支到一套不错的房子。

通过预支获得房子看似为买房者解了燃眉之急，但事实上，买房者因此长期被贷款牵制，成了房奴。到手的房子像一只庞大的猛兽，将买房者的大部分工资吞噬，使其生活质量大幅下降。很多年轻人一旦变成房奴，便很难再摆脱贷款的困境，有的人甚至十几年都无法翻身。

2014 年暮春的一个早上，南方某小区的一对姐妹手牵手从六楼阳台跳下，姐姐经抢救无效身亡，妹妹全身多处骨折，经抢救虽然脱离了生命危险，但也落下了终身残疾。

邻居们表示，两个姐妹平时为人都很和善，看不出有轻生的迹象。而这时候据有关单位了解，姐妹两人之所以选择跳楼，是因为还不起住房贷款。

姐妹两人去年购买了这个小区的一栋住宅，总价在 100 万元左右，两个人好不容易凑够了首付并用按揭贷款的方式购买了房子。但没有想到，房子刚买不多久，姐妹二人便双双失业，面对无法继续供房的局面，二人在忧郁了一段时间之后，选择了轻生解决问题。

现代生活与房子之间的讨论一直没有停歇。面临结婚的年轻人往往需要买房，以此保证生活的物质基础，但水涨船高的房价又让很多年轻人“望房兴叹”。虽然房屋贷款能够帮他们住进新房，但是它也会制约今后他们的生活质量，所以，当你想要通过贷款买房的时候，就要提前预知到此后可能会遇到的生活费紧缺问题。

买房有困难，不买房也有困难，于是买房就成了一个两难的选择题。其实，房贷有利有弊，一方面它就像是一剂快速见效的激素，燃眉之急马上就能够解决；另一方面却会留下漫长而持久的后遗症。所以，每一个准备迈入房奴行列的年轻人，都应该从现在起就做好一切防御准备，分配好手中的每一分钱。

那么，怎么解决这个问题呢？一方面在于政府，政府可以通过行政或经济手段对房价加以调节。譬如修建保障性住房、增加房屋的供应、遏制炒房行为等。

另一方面则是靠金融手段对房贷加以整改。西方国家一开始出现房贷的时候，放贷一般最高只能到 15 年，而大多在 8 年左右，这是因为银行等放贷机构需要保证资金的安全，不愿意提供过长年份的贷款。

1929 年，赫伯特·胡佛当选美国总统，工程师出身的胡佛上台之后，发起了“居者有其屋”（Own Your Own Home）活动，通过不断的斡旋和谈判，最终让美国银行界同意将贷款的期限延长至 20~30 年，这样一来，购房的门槛就降低了很多。

但银行家毕竟不是慈善家，他们总是会让事情朝对自己有利的方向发展。购房贷款的期限虽然被延长了，但银行又联合起来操纵贷款利息，让购房者背上了沉重的利息。

这样一来购房者又不满意了，于是政府又出来斡旋，最后在漫长的讨价还价之后，最终达成一致，购房者所支付的利息，不能远高于银行的利息率。那么这个利息在现在的美国是多少呢？首套住宅平均贷款利息率为 3%，商业房屋平均贷款利息率为 5.5%。

房地产泡沫与通货膨胀

2009年之前，迪拜一度成为世界关注的焦点，上演着一幕财富的传奇。因为有钱，迪拜曾经开发了总金额高达3000亿美元的一系列房地产和基础设施项目，雄心勃勃地要将迪拜建设成为世界中心。

在资金刺激之下，迪拜经济开始升温，并引来大量国际资本和海外投资者，金融业迅速膨胀，与此同时，各种资本的成本都节节攀升，经济泡沫也因此产生。

2009年，迪拜总人口不超过150万，其中的迪拜人只有不到30万，其他都是外来投资者。迪拜当年的GDP约为500亿美元，但负债高达1000亿美元以上。

大量的负债推动了经济的膨胀，但也给经济埋下了隐患，尤其是房地产业泡沫严重，房价在短时间内飙升了5倍以上，大量房地产项目不断上马，但被购买者用来居住的却寥寥无几。终于，在2009年下半年，因为无力偿还债务，迪拜债务危机爆发了，紧随其后的是房地产泡沫的破裂，房价迅速跌回泡沫之前的水平，很多海外投资者始料未及损失惨重，很多人甚至采取了弃房断贷的方式逃离迪拜。

这是迪拜真实经历的，且才过去几年的时间。房地产在迪拜的故事已经告一段落，但相似的一幕似乎又要在我们身边上演。

当前，中国房地产市场与迪拜相比不相上下，泡沫破不破裂我们不讨论，我们要讨论的是，因为房地产泡沫而导致的严重的金融问题，其中最具有代表性的便是通货膨胀。

房地产泡沫为何会导致通货膨胀，这个道理需要我们曲折地进行说明。

在一个正常的社会中，所有行业都以正常的速度发展，这个时候会因为发展出现轻微的通货膨胀，但这种通货膨胀实际上是有益于社会的。

但此时，一个产业突然开始急剧膨胀，需要大量的资本进入，而社会总体资本是有限的，资本都进入到一个产业当中，就意味着某些行业资本减少，从而导致这些行业发生资金短缺，行业正常生态受到破坏。在这种情况下，这些行业的生产成本就会升高，从而导致初步的通货膨胀：一些行业的商业或服务价格开始上涨。

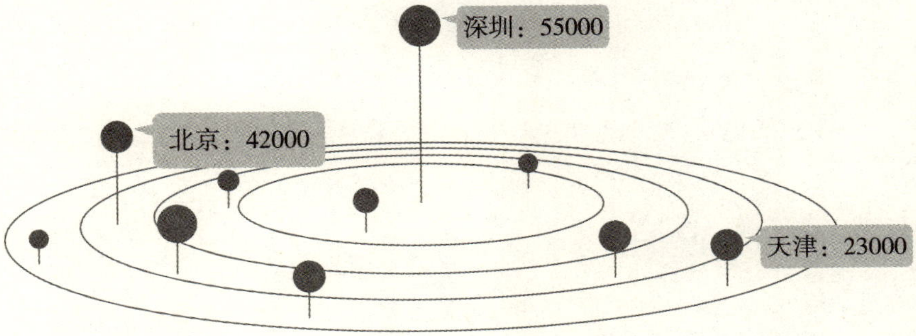

北京住房总量为1510万套，房屋面积按90平方米计算，均价4.2万元，房屋总价值为570780亿元。2015年全国GDP为67.67万亿元，仅比北京市房地产总值高10万亿元。（单位：元/平方米）

与此同时，大量资本进入一个行业，会导致该行业投机盛行，行业总体回报率偏高。这种高回报率必然导致资本效率的下降，为了弥补因为资本效率下降而降低的利润，这个行业就会相应提高产品或服务的价格。

表现在房地产业上就是，原本一亿元人民币能够开发的一个楼盘，随着资本的大量进入需要数亿元才能开发。数亿元资本做以前一亿元资本能做的事，就必然要求这件事的回报要有所提升，于是房价便开始上涨。

房价上涨导致买房成本升高，从而又引发了第二轮的通货膨胀，因为需要购买房屋，很多人试图提高自己的收入，进而导致社会成本的上涨。

在此之后，因为房地产行业过热，导致周边产业如建材业、工程业、建筑机械业、交通运输业等产业发展，从而带动了就业和劳动者收入，这本身是一件好事。但与此同时，也导致这些行业的成本有所提升，这些行业又向下游行业扩散影响力，从而导致全社会的物价上涨。

最后，政府为了稳定一些资金短缺的行业，被迫对这些行业投入巨资，从而导致货币超发，最终引发了整个社会层面严重的通货膨胀。

从上面这个渐进式模型中读者应该能够了解到，房地产行业过热是怎么样让我们一步步进入严重的通货膨胀当中的了。事实上，几乎所有国家在房地产市场蓬勃发展的时候，都经历过严重的通货膨胀。

2005 年到 2009 年这短短 4 年间，迪拜的房地产业酝酿出极大的泡沫，而与此同时，社会上各种商业和服务的成本也在暴涨，以至于在迪拜的生活成本曾一度高到令人咋舌。

当前，我国也正面临着这样的状况。2001 年，整个中国住房市场的投资额大致在 5000 亿元左右，而到了 2011 年，这一数字就达到了惊人的 4.4 万亿元，10 年间增长了 8 倍，而 2012 年整个房地产市场的投资总额更是达到了惊人的 7.2 万亿元。

房价过高的真正原因

对于房价过高，我们似乎已经习惯性地将它归咎于地产商的贪婪。动辄上百万元的住房，一盖就是几栋楼、几十栋楼，几个亿、十几个亿就这样到手了，面对这样巨额的收益，难怪有很多人会眼红，因此在高涨的房价面前，地产商们常常成为矛头所指。

不过，地产商真的是房价暴涨的罪魁祸首吗？在暴涨的房价所带来的社会问题面前，他们是否有代人受过之嫌呢？这个问题还需要深入地讨论。

任志强是中国地产领域为数不多的敢于公开为地产商发声的人，但也因此招致了很多非议，他也很委屈，这些委屈的原因大部分就在于，地产领域的真实情况是大众所不知道或者不想知道的。

我们已经习惯各种教科书中用“地大物博”来称赞自己的国家，的确，在某些程度上这是最真实的表达。但是，如果我们把土地延伸到住房领域的话，就会觉得“紧缩”才是最具有代表性的词语。

我国现在的房价是很不正常的，相对于我国的人均收入，房价已经达到了世界罕见的水平。房价飞涨的速度之快让人瞠目结舌，而引起房价飞涨的最主要的两个字便是“垄断”，垄断主要包括商品房市场的垄断以及商品房土地市场的垄断。

我国的土地制度为国家和集体所有两种，国家拥有高度集中分配土地资源的权力，国家可以规定和管制城乡土地的用途，建设用地绝大部分只能用国有土地。集体不可购买国有土地，国家可征用集体土地。

有人曾经对我国的土地制度进行假设，如果我国的土地实行私有制，城市的土地会趋向市场化，很快就会有成千上万个土地供应者，这些土地供应者之间会形成相互竞争的局面，在土地需求一定时，二者之间会形成一个供需平衡，此时会有一个相对稳定的、土地市场自由的均衡价格。

在自由土地市场，土地价格上涨会导致两个结果。一是土地供应量增加，二是土地需求量下降。但在垄断土地市场状况下，土地价格上涨，只会导致一个结果，就是土地需求量下降，很难导致土地供应量上升，除非人为地制造土地价格的上涨。而我们面临的，其实就是这样的状况。

前些年，国家为了限制房价的飞涨，采取了限制房地产行业的发展策略。其中有一点就是限制新土地的供应，这一措施也确实达到了限制房地产发展规模的目的。但与此同时也产生了一个严重的后果，它使得土地价格飞涨，进而导致房价飞涨。国家如果想压低房价，唯一的办法就是扩大城市新土地的供应，这样才能压低房价。

如今在大城市里，房价已经让大部分人难以接受，很多人已经没有能力买房子了。在小城市与县城，本来应该具有房价便宜这个优势，但是由于土地供应垄断，导致房价也高于正常的自由市场价格。

虽然大部分人能买得起房子，但是，确实较大地增加了人们的生存负担。就像我们买东西一样，本来可以花 5 角钱买到的东西，现在因为供应市场的垄断，供应产品的缺少，我们必须花 1 元钱才能买到。供应市场的垄断其实就是物价飞涨的主要原因。

大城市中的土地供应量远远少于自由市场的供应量。就像北上广这样的一线城市，表现出来的不仅是房屋供应增速的下滑，而且是供应绝对量的明显缩减。

以北京为例，从2000年开始，北京房屋完工面积逐年走高，并在2005年创出了一年完工3000万平方米的峰值。但从那之后，房屋完工面积就明显下降了，近年来都在1500万平方米上下徘徊。短短几年之间，房屋完工量就已差不多减半，再加上大量人口的增加，房价又怎么会不涨呢！

房子可不可以成为投资品

曾几何时，温州炒房团一度成为房地产投资的一个缩影。最近十年，房地产市场蓬勃发展，房价居高不下，一方面让很多人“望楼兴叹”，另一方面也让一些人做起了靠投资楼市发财的梦想，温州炒房团正是其中的代表。

其实，温州人炒房的历史要早于这一轮的地产热，早在2000年左右，刚富起来的温州人便开始在上海、杭州、苏州、北京等地置业购房。这种现象一方面是因为温州人的先富状况，另一方面是因为温州人对于地产开发的热衷。

当初有句话是这么说的：“温州的房地产开发规模相当于江西一个省的总量，而温州市区的人口不过100万多一点。”在把本地的楼市炒火之后，温州人开始大规模向外扩张，于是就有了“温州炒房团”。

而温州人之所以如此热衷于炒房，根本原因就在于他们看中了房地产的投资属性。房地产作为一种产品，是会随着市场的变化而升值的，而温州炒房团所追求的，便是在这种升值中获得巨额回报。根据最近十年我国房地产业的走势，投资房地产似乎成了一个很好的选择。

金先生最近喜忧参半，喜的是妻子炒房赚了不少钱，忧的是自己的工厂眼看着就要做不下去了。金先生原本在广东经营着一家玩具加工厂，最忙的时候有200多个工人，订单销往欧美多个国家，在2008年之前，工厂的经营状况非常好，经常连续性地加班。

但在2008年之后，全球金融危机影响了中国的出口产业，金先生的工厂也受到了影响，订单减少，工厂减产，再加上材料成本的上涨和工人工资的上涨，金先生的生意越来越难做。到2014年，金先生第一次遇到了工厂亏损的情况。

而在工厂生意最好的几年，金先生的爱人每年都拿出一笔钱买楼，有的时候一套住宅，有的时候两套，最多的一年曾经买过6套。爱人的行为，在金先生看来是不务正业，给他的生意拆台，但爱人却乐此不疲。

结果，到了2016年，金先生的生意实在做不下去了，他打算关掉工厂，收拾东西和爱人一起回老家，结果等要处理房产的时候才发现，一直被金先生视为不务正业的爱人，名下居然多达十几套房子，而随着这几年的房价暴涨，这十几套房子市值已经超过数亿元，这笔钱要比金先生经营20年工厂所赚的钱还多。这一下，老婆可真是在他面前扬眉吐气了，金先生也不由得感慨，早知道这样，还不如不做工厂，直接和老婆炒房算了。

金先生的经历，让人感到幸运的同时，又多少有些哭笑不得。不知何时，房地产居然成为中国最赚钱的行业，这让其他投资项目情何以堪！

但读者也应该明白，我们近十年的房地产市场，像是一种吹大了的泡沫，这种投资赶上了就赚了，但不是长久之计，从长远的观点看，房地产并不是很稳妥的投资品。

房地产能不能作为投资品，答案是肯定的！在各个国家，无论是经济正常发展还是经济衰退，投资房地产都是一个常规的选择，这主要是因为房地产具有保值的属性。

房地产作为一个具有居住属性的投资品，其使用价值是永远存在的，而其价值往往能够随行就市，不受货币贬值或通货膨胀的影响，从这个角度讲，用房地产作为保值手段是一个不错的选择。

但是，在经济高速发展的社会，房地产却未必是最好的选择，这主要是因为两个方面。

其一，在经济高速发展的社会，整个社会都需要大量的资本，资本能够获得的利润率会相应提高，相比之下，受严格管控的房地产的利润率就比较低了，因此投资房地产不是一个好的选择。

其二，房地产关乎衣食住行中的住，而住房问题关系着社会绝大多数人的福祉，如果这个环节处理不好，就很容易导致社会问题的出现。也正因如此，很多国家都对房地产投机行为做了严格的限制，譬如第二套房增加税率、保障性住房等，这无形之中就缩小了房地产高回报的空间。

举个例子，你想要投资某国的楼市，购买一套或多套房，然后等待房价上涨。但该国政府却做出限制，如果你的房子不是唯一住房，那么首先要缴纳高额的房地产税。其次当房价上涨的时候，政府会适度建设保障性住房，增加房屋供应量，从而限制房价。那么这样一来，房地产能够上涨的空间就很小了，这种投资是非常不划算的。

但是，还有一种情况，就是在某些国家和地区，明明政府采取了各种办法，但房地产还是只升不降，这其实是一个人流量的问题。

一个城市，如果面积无法无限制扩张，而总人口又在不断增加，那么这个城市的房地产市场就是非常兴旺的。因为，新进入城市的人总要安家，而政府又没有新的房屋可以供应，那么无论税率有多高，房地产始终还是有利可图的。

我们看到，在一些房地产发展正常的国家，也偶尔会出现一两个城市，房地产市场表现出畸形的投机性，如美国的纽约、英国的伦敦、我国的香港等，这些城市的总人口总是在增加，房地产市场的活跃，实际上是增加的人口所带动的。而投资这些城市的房地产市场，在一个合适的价格进入，则是一个不错的选择。

总的来说，在正常的经济状况下，房地产市场其实是一个比较保守的投资方向，房子不是一个特别好的投资物，但在某些情况或某些地区，审时度势地进行房地产投资，也不失为一个好的选择。

假如全国一年生产销售的馒头数量为 1000 个，每年馒头的生产数量递增 10%。央行第一年发行货币 1000 元，以后每年递增 20%。

第一年，生产销售馒头 1000 个，央行发行货币 1000 元。一个馒头卖 1 元。

第二年，生产馒头 1100 个，央行发行货币 1200 元，一个馒头卖 1.09 元。

第三年，生产馒头 1210 个，央行发行货币 1440 元，一个馒头卖 1.19 元。

由此看出，当馒头的生产数量增加速度赶不上货币发行速度时，必然出现过多的货币追逐过少的馒头。馒头的价格就开始逐步攀升，通货膨胀就产生了。

至于房产为什么可以抵抗通货膨胀，原因更简单。

房产就相当于已经卖出去的馒头，不管你今后发行多少货币，这个馒头的价值是不会变的，它的价格当然随行就市，随着你的货币发行数量增加而增加。

换句话说，通货膨胀实际上是国家征收的一种税，叫“现金税”。这种税只向持有现金的人士征收，征收上来后再补偿给持有资产的人（房产、黄金、任何投资实物）。

所以，你现在应该明白，20 世纪 80 年代的万元户如果把钱存到银行，他们是怎么看着钱缩水的了。因为他们一次次被征收通货膨胀这种“现金税”。那些有房子的人也没有获得明显的收益。表面上他们的房子更值钱了，其实增值大部分是国家的通货膨胀给他们的补偿而已。

FINANCE

3

金融学教你不犯错

第十课

金融学教你规避风险

给投资画一条止损线

投资市场上充满着风险，可谓风云诡谲、变幻莫测，因此，没有人能够保证自己的每一笔投资都是正确的。虽然赚钱是我们的目的，但赔钱的情况也是不可避免的，既然如此，减少风险稳固收益就显得尤为重要了。

如何减少风险呢？就是要将赔钱的概率降至最低，一不小心真的赔钱了，也要尽量将赔钱的额度降至最低；而稳固收益，就是要在赚钱的时候，及时将股票抛出，见好就收，将真金白银拿在手里才是稳妥的。这两者在金融投资市场上有一对形象的名词：止损和止盈。

我们先讲止损，关于止损这里有一个比喻：如果你投资 1 美元，赔了 50 美分，那么你手上就只剩了一半的本金，在这种情况下，除非有百分之百的收益，你才能回到起点。

普通投资者在买进某只股票被套住后，都会不自觉地采用捂住不放的原始操作方法坚持持股，这在以前美其名曰“长线持股，投资为主”；但结果往往是小亏变成大亏，最后实在忍无可忍，只好低位割肉卖出。这里我们就看到止损观念的重要性了。

关于止损的重要性，我们可以用鳄鱼法则来解释一下：假如你被一只鳄鱼咬住了脚，这时如果你试图用手去挣脱你的脚，那么鳄鱼便会同时咬住你的手与脚，这样你越挣扎，被咬的地方就越多。

所以，如果你真的被鳄鱼咬住了脚，你唯一的机会就是牺牲一只脚，以换取身体其他部分的解脱。

在投资市场中，鳄鱼法则的含义是：当你发现自己的交易背离了市场的方向，必须立即止损，不要有任何延误，不要有任何的侥幸心理。对我们来说鳄鱼吃人也许有些太残酷，但股市其实就是一个残酷的地方，读者不妨回顾一下股市崩盘时的新闻，每天几乎都有人被它无声地吞没。

即使是投资高手，也难免会因为判断失误而导致亏损。在实际操作中，有些投资者确实有明确的止损态度，可是一旦真的出现应该止损的情况时，却又变得优柔寡断起来，开始希望出现奇迹，将亏损缩小甚至“转亏为盈”后再出局。但不坚持原则的后果往往是为此付出更大的代价。

对于这样的人，我们就应该从操作的细节上入手，而具体的手段就是设定止损点。对于现在的投资者来说，止损点的概念应该没有人没有听说过，譬如当股价跌破百分之几或跌到某个价位时，就清仓脱身，运用这种方式可以把风险或亏损控制到一定限度。那么具体的操作又该如何呢？

我们举个例子说明，比如对于某只股票，你在 10 元钱每股的时候买进，但运气不好，买进之后它就开始下跌。这时你有三种方式设置止损点。

第一，当股价跌幅达到一定比例时，比如，跌幅达到 10%~15% 就立即清仓，比例大小需要根据市场状况及你自身心理承受能力而定，不同的经济能力，可以采取不同的比例；

第二，当股价跌破某一价位时，比如，你预先想好一个能够接受的心理价位，如该股跌至 7 元你还能接受，但跌到 6.5 元你就接受不了，那么你就要在 7 元的时候止损清仓；

第三，时间止损，即当这只股票到达某个时间点时，无论价格在何处，都要及时清仓。

以上三种方式可以根据自身实际情况任选一种，但设定一定要有持续性和一致性，不要来回更改止损点。而且，在实施止损的过程中也要坚决，不可以抱有侥幸心理，这样坚持止损点策略可以避免你因为一次错误的投资决策而导致全军覆没。

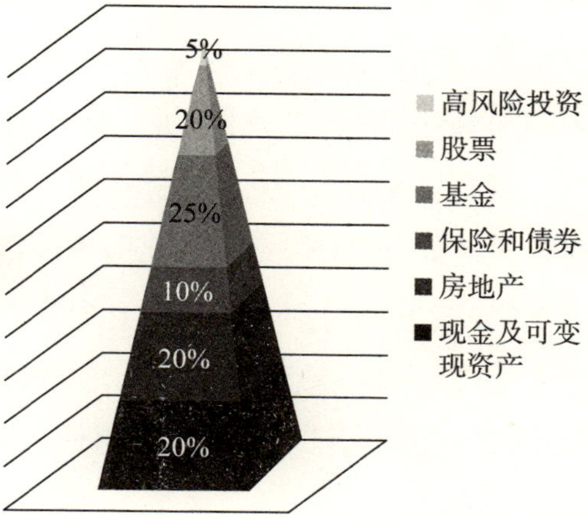

止损可能还好理解一些，毕竟谁都不愿意赔钱，赔得少总比赔

光要好，但是对于止盈来说，这就要投资者具有相当强大的自制能力了。因为我们投资的目的主要是赚钱，谁都想赚更多的钱，那么在赚钱的大好形势下，让人抛出自己的股票，无异于让他们杀掉生蛋的母鸡，这是谁都不愿意的。因此，止盈这一概念就常常处于被忽视的状态。

但忽视并不意味着不重要，要知道，在投资世界中，最重要的一条法则就是见好就收。我们回头想想，在 2007 年中国股市一片红红火火的时候，有些人却赶忙清仓他手中的股票，这就是止盈。之后紧接着出现的股灾，也证明了止盈的重要性。

许多人很少关注止盈，因此造成了股市大起大落，我们总能听到身边的某个人买对股票赚大钱了，却很少听说他全身而退把钱拿回了家。有的股票涨得很多，甚至翻几倍，这时懂得止盈的投资者会及时抛出，但另外一些投资者则在翻倍的时候贪心，最后不得不亏损出来，这就是因为他们没有止盈意识。

关于止盈意识的培养，我们要从止盈点的设立开始：由于不懂得设置止盈点，有些人像上面说的本金翻倍了，也想过急流勇退，但总是心有不甘，想再多赚一点，最后不光没赚到反而亏了钱，悔不当初。对于他们，就特别需要注意设定一个止盈点。

投资者在股市中出现决策失误，其根本原因在于自我控制能力不足，造成自我控制能力不足的原因是人的本性。上涨之后，投资者的普遍想法是它还会再涨，此时贪婪和乐观蒙蔽了内心，感性超过了理性。同样在下跌的时候，亏损造成恐惧，投资者害怕赔钱，因此一直安慰自己“股价还会涨回来”，这样自欺欺人造成了判断上的偏差。

恐惧和贪婪并存的股市

不知道读者是否了解这样一件事，就是被骗去传销的人，一般不会有学金融出身的，而传销领域如果有个学金融出身的，那一般是组织传销的那个人。这个事实向我们说明一个问题，那就是学好金融会让人明白一些基本的常识，而这些常识会让人避开生活中可能出现的陷阱。

金融学领域一个重要的理论是：世界上没有毫无风险的收益，风险必然是与收益并存的，而且在绝大多数的情况下，收益越大，风险就越大。

这个理论放在生活中，能够帮助你识别传销，避免受骗，而在股市当中，则有助于你培养风险意识。

有人说股市是一个恐惧与贪婪并存的世界。所谓恐惧，指的自然是风险；而所谓贪婪，指的便是收益。不懂得这两点，眼睛只盯着收益而看不到风险的人，最终就会成为股市的弃儿。而一个聪明的投资者，必然是同时意识到这两点的存在，才能够在股市当中纵横驰骋。

投资界最负盛名的巴菲特在投资生涯中有无数成功的案例，而他自认为最复杂，同时也验证了他投资技巧核心的，便是对政府雇员保险公司——GELCO 的投资。

一开始，巴菲特投资了 4500 万美元进入 GELCO，但随之而来的就是该公司巨额亏损，GELCO 股价竟然一路跌至了每股 2 美元。

对此，他也曾经动摇过，但最终投资之前精确的亏损预算帮助了他。他反复思考当初做的“功课”，又经过周密的运算，得出了亏损在可承受的范围内的结论，这次亏损是股市存在的生产风险，GELCO 还有出现转机的可能。

之后的一段时间里，巴菲特还是不断接到 GELCO 公司持续亏损的报告。但是因为已经有了心理准备，他非但不理会这些，反而多次向 GELCO 注入资本，先后投资达到 1 亿多美元，终于把这家公司的经营状况扭转过来，让投资扭亏为盈。

在巴菲特亏损最多的时候，数额曾经达到惊人的 6000 万美元以上，而且长期不曾有好的转机。对此伯克希尔公司的很多股东都对这笔投资感到忧虑。但是，巴菲特却在面对巨额的亏损时保持了绝对的冷静，因为他看到了风险背后可能的收益，并最终获得了巨额的回报。

金融市场的不可预知因素有很多，所以即使是像巴菲特这样的人，也要具备风险收益意识，随时准备应对不期而至的风险。在金融市场有句名言：在确定投资之前，首先考虑的不是赚多少而是赔多少。这句话将永远是成功投资者的座右铭。

不过，在金融市场上，成功的投资者毕竟只是少数，大多数人还走不到这一步。他们与成功投资者的差距，其实就在于心理动态。根据投资者不同的心理动态，我们可以将投资者分为以下四类：

第一类是莽撞的人，他们根本就没有风险意识，无知者无畏。我们看到很多投资者根本就不懂投资技巧，看到别人赚钱就跟着冲进了市场，乱投乱选。这样的人如果运气好的话可能会赚一点钱，但是，很多人的运气却敌不过可怕的现实。我们看到 2009 年的时候，很多人听说股市好赚钱便一窝蜂地涌入，甚至出现了抓乒乓球选股、飞镖选股等，结果顶了人家的缸，资金被牢牢地套住，赔得血本无归。

第二类人是赌徒心态，他们明知道投资有很大的风险，但为了博取风险后面的高利润甘愿冒险。这些人明知一只股票被过于高估了，但想着自己高价买入，后面还能以更高的价格卖出。他其实是在“博傻”，博的是后面会有更傻的人，以更高的价格继续买入这只股票，这叫作胆大无畏。说得再明白一点，这些人其实不是在投资，而是在赌博，拿自己本金的安全来赌博。可能会有一两次被他赌中了，正好赌了一只牛股，这只股票会持续上涨一段时间，让他赚些钱。但是大多数情况下，上涨的时间不会长，没等他抛出，股价就大幅下跌，反而把他套牢了。

第三类人是谨慎的投资者。这些人在面对投资时，只选择非常安全的投资产品入手，在看到某种投资产品的内在股价低于其市场价值，自己的成本有非常安全的保障的时候才会选择出手，否则就一直采取观望的态度。这类人在进入投资市场时，一般情况下不会出现太大的投资失败，但如果想取得大的盈利也是非常难的。

第四类人则是真正的投资者。他们不仅能看到投资市场所能带来的利润，也会兼顾风险。在投资之前，他们做好调查，为自己拉上一张结实的安全网，然后再准备一条后路，以备出现变故时可以以最小的代价全身而退。这类人正视投资可能带来的损失，因此一旦损失出现了，他们也有办法应对。

成功的投资者必然属于第四类投资者，他们在投资之前做好了充分的考察，对可能出现的损失了如指掌，把损失带来的伤害降至最低，这样其实在一定程度上保证了自己的相对安全。

总之，在梦想着靠投资产品发大财之前，首先要预料到它同样可以让你倒大霉，先计算出可能的损失，再计算要得到的收益，始终以合乎自己承受能力的预算价格做理性的投资选择，这样才能保障投资的成功率。

制造灾难的经济泡沫

泡沫这个词在上文中出现过不止一次，一般用来形容楼市，而整个金融世界或者说整个经济世界也可能出现泡沫，总的来说，“泡沫”来者不善。

经济泡沫，我们用来指局部投机所造成的虚假繁荣。这种虚假繁荣对于经济的危害是巨大的，而当泡沫破裂之后，留下的也往往是灾难性的后果。关于泡沫和泡沫所制造的灾难，我们可以通过金融史上一件非常著名的趣事来理解。

1700 年西班牙哈布斯堡王朝的卡洛斯二世逝世，卡洛斯二世并没有留下子嗣，于是西班牙王位继承便成了大问题。当时，英国和法国都想把与自己国家交好的王位继承人推上西班牙国王的宝座。两国为此进行了 13 年的战争，战争的结果虽然是英国战胜，但英国也因此背负了巨大的债务。

战争后期，为了解决国家欠下的巨额债务，英国财务大臣罗伯特·哈利倡议国家向某些企业授予权力垄断某地区的贸易，然后再从那些公司获取部分利润。在这样的倡议下，一家名为南海公司的贸易集团于 1711 年成立了，南海公司从政府获得权力垄断英国对南美洲及太平洋群岛地区的贸易，而这两个地区在当时被坊间视为商机无限的黄金地区，因此当时的英国政府对南海公司的期望很高。

当时，南海公司的股东主要为一些大富商，政府以向他们融资为条件让这些富人加入公司，并从垄断贸易中获取巨额回报。在此后的9年里，南海公司的发展状况十分迅猛，以致社会上的闲杂人等都对南海公司的股权趋之若鹜，甚至在1718年英国皇帝乔治一世也应邀加入了南海公司的董事会，并成为总裁。

到了1720年，南海公司的发展形势仍然一片大好，在普遍的乐观情绪中，南海公司向财政部提供方案大纲，计划购入市场上总值3160万英镑的可赎回政府债券及定期债券。在进行了一番讨价还价之后，南海公司与英国国会达成最终协议。

在协议方案中，南海公司愿意购入市场总值3160万英镑的可赎回政府债券及定期债券，并以南海公司的股票作交换。而公司会无条件支付政府400万英镑，再加上有条件支付的360万英镑，使政府最多可从方案获得760万英镑。购入债券后，政府只须向南海公司支付5%的利率，利率到1727年夏天后会降至4%，那时开始南海公司所持的所有国债都会变成可赎回政府债券。

这个方案在当时被视为让政府与南海公司双赢的方案，原因是原本市场上的国债持有人享有高达7%~9%的利率，支付大笔的国债利息对政府构成沉重的财政包袱，而经南海公司换取国债后，利率得以下调，使政府财政压力缓解。另外，政府又可从南海公司最多取得760万英镑的款项，成为一笔可观的进账。对南海公司而言，由于其股价在当时大受追捧，公司可趁机以远远高于面值的股票换取回报稳定的国债，变相赚取丰厚的利润；此外，公司每年还可从政府赚取稳定的债息。

在与政府的协议达成之后，南海公司的股票更受热捧，再加上人为的炒作推动，南海公司挑动了整个英国财富神经。协议执行数星期之后，南海就已经成功向逾半国债持有人换取债券，使他们成为公司股东之一，而同时，南海公司股价亦开始节节上扬。在1720年年初，原本只处于128英镑的南海公司股价，到3月上升至330英镑。在4月的时候，南海公司的董事们已经以每股高达300英镑的价钱售出225万股股票。到5月，南海股价上扬至500英镑，6月升到890英镑，7月的时候更上升到每股1000英镑的价位。尽管每股逾千英镑，但公司董事仍然在这个价位售出500万股股票。

自南海公司开始股票换国债的行动后，英国全民上下疯狂追捧南海公司股份，有人说，“政治家忘记政治，律师放弃打官司，医生丢弃病人，店主关闭铺子，牧师离开圣坛，就连贵妇也放下了高傲和虚荣”。为了促销股票，南海公司又向有意购买股票的人士大举借贷，让他们有能力购买大量股票，然后再由他们分期摊还贷款。

除此之外，市场上还出现炽热的投机活动，数以百计的股份公司随之涌现，这些公司大部分都是浑水摸鱼，他们模仿南海公司的宣传手法，在市场上发布虚假消息，声称正进行大宗生意，从而吸引市民购买股票。其中一些公司更荒诞不经地声称正在研发“可以永久转动的车轮”，有些甚至表示“正进行有潜力生意”，市民仍然盲目地追捧，使这些公司的股价连同南海公司股价一同上涨。据悉，在这些虚假的公司上面，英国全社会投入的资金高达3亿英镑。

不过泡沫总归要破裂，1720年6月9日国会通过了别称“泡沫法案”的《1719年皇家交易所及伦敦保险公司法案》，内容规定股份公司必须取得皇家特许状才能继续经营。在该法案通过后的一个月里，几十家虚假公司被取缔，自此泡沫经济开始破裂。此后，南海公司的股价由原本1000英镑以上的价位急速下滑，到当年的12月，股价已经跌到了124英镑。而在同期，英国其他股票也受到连累，社会上数以千计的股民血本无归，当中不乏上流社会人士，另外部分人更因为欠债累累而出逃国外。

一个根本没有多少人知道其经营状况到底如何的公司，因为资本的推动而迅速成了宠儿，这就是泡沫的力量。而在巨大的泡沫背后，隐藏着的其实是人的贪婪和疯狂。

类似南海泡沫这样的事情，在世界很多地区都上演过，并且有些地方还在上演。它带给我们的启示是，如果不想承受泡沫破灭之后的灾难，就不要做泡沫的推手，在大众普遍陷入狂热状态的时候，保持冷静的头脑，打理好自己的金融财富，这样的人往往能够成功躲避灾难，不会被泡沫所吞噬。

高回报金融理财的风险

某镇是一个富裕乡镇。2014年，该镇出现了一家高利吸储的理财公司，面向该镇居民吸收存款，约定好每年2.5分的年利息，居民存储10万元以上还当场奖励2000元。

这个理财公司的信息发布之后，立即引来全镇居民的关注，一时间居民们觉得遇到了“天上掉馅饼”的好事，纷纷取出自己的积蓄和该公司达成了协议。该公司在短短几个月的时间内就吸收了超过2亿元人民币的资本，并开始按照约定返还储户利息。

但好景不长，储户的利息返还不到半年，该公司突然在公众面前消失了。原来吸储时待遇优厚的业务员一个个被辞退，而公司办公地点也在一周之内人去楼空。公司刚消失的时候，储户们还满心期待公司会再回来，但过了半个月，终于有人意识到受骗了，结果一报案才发现，这家理财公司根本就是个幌子，老板早就卷钱潜逃出国了。

近些年，类似故事中的事情在我们身边时有发生。人们富了，手里有闲钱了，于是便想着让钱生钱，这种想法本身没有错，但因为我国金融体系尚不完善，大众缺乏成体系的投资渠道，进而让一些灰色地带的所谓理财公司钻了空子。

这种公司原本只在农村或城乡接合部混迹，但最近几年，城市中也开始出现类似的公司，都是以高额的回报作为诱饵，促使人将资金交给它们打理。这些公司的名目多种多样，有以互联网为媒介的 P2P 公司加入，但形式几乎是一样的。

当然，我们不能说这类公司全部都是不靠谱的，实际上对于这种企业，国家也不是一棍子打死的，如今，我们就能够看到一些做得很好的 P2P 公司。但问题在于，一方面靠谱的企业很少，鱼目混珠的企业很多，让人无法分辨；另一方面投资者不知道如何识别这种形式的企业。

那么，为了帮助读者规避风险，我们就从金融学的角度来分析一下，这种企业的风险到底在何处。首先，我们来讨论一下不良企业的风险，或者说不靠谱企业的不靠谱之处。

第一，高额吸储。

一般不靠谱的理财企业，都是以高额的利息作为诱饵，诱惑储户将钱放在它们那里。它们的利息往往要远远高于银行和国家规定的利息，一般都会在1分到3分之间，也就是年利10%~30%。

在这里，我们按照常理进行思考。吸储企业自己不创造价值，它也必须将资金投资到其他项目才能获得收益。这些企业既然能够给储户10%~30%的巨额利息，那么它所收到的利息又应该是多少呢？相信至少要20%以上，甚至要达到50%~60%。那么再向上推导，找它们借贷的企业又应该有多大的盈利能力，能够支付如此高的利息呢？要知道，做企业不是赌博，尤其是在经济状况不算太好的近些年，企业能够实现盈利就很不容易了，达到60%以上的盈利，这种企业在社会上还真是不多见的。

第二，投资方向。

一般吸储企业为了打消储户的疑虑，都会给出一些回报率高的工程、工厂或项目，将它设为固定投资方向，并挂上一个偌大的招牌，显示这个活动背后有多么巨大的背景。

关于项目的背景是如何来的，这里我们不讨论，我们要讨论的是，这种企业口中的投资方向由谁来监管。换句话说，储户认为自己是把钱投入到了某个项目当中，吸储企业只是一个中介机构，但问题是中介机构的行为储户能否监管？答案肯定是不能。储户无法监管，就没有办法保证自己的资金安全，换句话说，吸储企业把钱用在了什么地方，储户完全不知道，所知道的就只有吸储企业的一纸空文而已。

第三，信用抵押。

一般这类吸储企业，都会拿出一定的财物作为抵押，以求得储户的信任。我们国家也规定，理财公司必须要有一定数目的保证金，但问题在于，保证金与吸储的比例是否合理。

譬如一家吸储企业用一栋市值1亿元的建筑作为抵押，储户看了抵押建筑，心想就算收不回本金，至少能够分一套房子。但是，如果该吸储企业吸收了10亿元资本呢？其结果就不像储户想的那么乐观了。

从以上两点读者就能够判断出一家不靠谱的吸储企业，其风险到底有多大了。将钱放在这样的企业里，拿回本金是运气，拿不回本金反而是正常的。

但是，我们知道还有一些企业其实是靠谱的，它们正规经营，不会像上面这种不靠谱的吸储企业一样诱骗储户。但这类企业也存在一定的风险，它们的风险就是来自金融市场本身了。

总而言之，高回报金融理财一般都有着极大的风险，读者要规避这些风险，最好的方式就是不涉足投资。但如果耐不住高回报的诱惑，想要将手中闲置的资本加以利用，那就要多了解一些金融知识，这样才能避免陷入不靠谱的理财公司的陷阱之中。

第十一课

金融学带你了解常识

钱最重要的是花出去

我们中国人向来崇尚节俭，节俭的习惯促使我们一方面节约开支，另一方面增加储蓄。热爱储蓄是我们的优良传统，世界上恐怕没有哪个民族像我们这样热衷于把财富储存起来，这也就导致了我们被认为是世界上最有危机感的民族——不然那么热爱储蓄做什么？

然而，热爱储蓄这一优良传统在市场经济的今天，却或多或少制约了我们的经济发展，尤其是金融学界，很多人“谈储色变”。之所以如此，倒不是大家讨厌储蓄，而是因为储蓄严重影响了货币的流通，而在金融学界看来，不流通的货币比没有货币危害更大，而钱只有花出去才更有价值。

2016 年我国中央银行发表数据显示，2015 年我国广义货币（M2）数额为 149 万亿元，较 2013 年的 122.84 万亿元上涨了 11.8%。与此同时，2014 年我国 GDP 总额则为 67.67 万亿元，广义货币（M2）与 GDP 比值为 2.2，而同样的比值在美国和欧洲都不超过 1。由此可见，我国的货币超发是十分严重的。

为什么我国货币超发如此严重呢？有人说政府要靠投资刺激经济增长，就必然要超发货币。这么说没有错，但这只是其中一个原因，更大的原因是我们的货币都被老百姓存起来了。2016 年数据显示，我国居民储蓄总额已超过 50 万亿元，而且还在以每年 10% 左右的速度增加，这笔相当于 M2 存量 33% 的货币更青睐于躺在银行里赚取利息或投资固定收益产品。

这样大笔的资本沉睡在银行里，不但严重影响了我国的消费市场，更对我国金融体系造成了极大的隐患。

比如市场上应该有 100 元钱在流通，但其中 40 元被人藏了起来，此时政府再多发 40 元来代替被人藏起来的货币以保证货币的流通性。然而，被人藏起来的 40 元可不是就此消失了的，它现在不在市场上并不代表它将来也不会回到市场上来，而等到有一天这 40 元回到市场上时，原来的 100 元就变成了 140 元，那么通货膨胀就产生了。

中国百姓存起来的钱是做什么用的？当然是为了以后花出来。可是，百姓什么时候花却是不一定的，真到了百姓想花钱的时候，市场上突然冒出那么多的钱，可以预见的是，钱荒一下子就会变成钱灾。

但也有人会问，我们不印那么多钱行不行，只用 60 亿元不能解决问题吗？问这样问题的人，是不明白货币流通的重要意义。实际上，货币有价值就是因为它能够流通，因为只有流通起来的货币，才能促进经济的增长，没有货币的流通，经济就只是一潭死水。这里有一个很有趣的例子，可以供大家思考。

在一个炎热的小镇上阳光猛烈，街道被晒得发烫，马路上连一个人影都没有，市场里也是一片寂静。小镇里每个人都是债台高筑，靠着信用过着懒散的日子，小镇的经济更是一潭死水，镇长对此也一筹莫展。

这时，一个外地旅客来到了一家旅店，他打算在小镇常住。在楼上，旅客挑了一间满意的房子，并支付了一个月的现金和押金，一共是10000元。有钱进账了，老板娘喜笑颜开，她立即跑到肉铺，还了赊欠对方许久的肉钱。

屠夫有了钱也跑去还债，猪农的猪、五金店的刀具钱……

猪农拿到了钱，他跑去支付了拖欠的饲料钱。

那个卖饲料的人则拿着钱跑去付清他在旅店消费的钱。小镇一潭死水一样的经济被激活了。而此时，那个旅客突然接到了一个电话，让他立即返回，于是他下楼将押金和房款退掉离开了小镇。

在这一天里，谁也没有失去什么，谁也没有生产什么，但小镇上很多人还清了自己的债务，小镇的经济又活了起来。

这个故事告诉我们金钱流转的重要性。钱只有运转起来，才能够带动经济的发展。投资和消费都是金钱的流转。而对于政府来说，什么手段能让钱流通最快呢？答案就是投资。那么照这个理论推导下去，我们便能够理解为什么现实中会出现一些吊诡的现象了，比如美国政府的“劫贫济富”。

数年前，美国纽约曾爆发一场轰轰烈烈的运动——占领华尔街。在2011年9月17日，上千名示威者聚集在纽约曼哈顿，试图占领华尔街，有人甚至带了帐篷，扬言要长期坚持下去。这些示威者是通过互联网组织起来的，他们声称要把华尔街变成埃及的开罗解放广场。而他们占领华尔街的目的是反对美国政治的权钱交易、两党政争以及社会不公正。

我们中国人总是抱怨贫富差距大，从占领华尔街运动中我们可以看出，美国的贫富差距也着实不小。华尔街大亨们住着豪宅，开着游艇，可以一掷千金，而普通民众只能节衣缩食度过经济危机，这当然会引起美国民众的愤慨。

但是，这还不是最让美国民众愤怒的，更让美国民众愤怒的是，面对如此恶劣的形势，政府居然“劫贫济富”，屡次对华尔街大亨施以援手，大笔的经济危机补助被划给华尔街金融巨头，这怎么能不让老百姓愤怒呢？

美国政府是民选政府，即便目的不单纯，但表面上也要做出为了民众的态度，那么是什么让美国政府如此的“弱智”，居然冒天下之大不韪“劫贫济富”呢？难道给白宫做经济顾问的都是外行吗？当然不是，他们也不过是在用投资拉动经济而已。

比如说在华尔街抗议的人群中，有些人就会因为政府对大公司的投资而找到工作，这远比政府对失业人群发放救济金对经济更加有效。

所以，学好货币金融学，对于我们理解金融现象和进行金融行为是一件非常有意义的事情，甚至可以说是金融学的基础。而即便我们平时不会从事金融工作，货币金融学也可以帮助我们在抗议政府某些经济行为的时候保持一个清醒的头脑。

利率一打喷嚏，股市就感冒

一家餐厅贴出招聘启事，有三个人前来应聘。问第一位时，老板说："你有什么特长？""我做过操盘手。""手艺怎么样？""我能把股价从5元炒到50元。""太好了，我这里正需要一个厨师，就是你了！"

第二个人递上了履历表，老板看了看，说道："你是股评人啊！这样吧，你站在门口，见人就往里面拉，这点事对你来说不难吧？"

转头问第三个人："你是干什么的？"那人羞得满脸通红，小声说："我是散户。"老板有些为难地说："我这里很高级的，要散户能干吗呢？"

正说着，忽听大堂里传来一片吵闹，原来是后厨没有肉了，客人点的菜半天送不上去，正在发脾气。这时，只见散户猛地拔出一把尖刀，从自己大腿上割下一大块肉，血淋淋地丢给服务员："先拿去应急。"转身对老板说道："我别的本事没有，割肉是经常干的！"

近几年，由于中国股市萎靡不振，大多数投资者赚少赔多，因此网络上出现了大量调侃股市的笑话，上面这个就是代表。

中国股市的问题，不是我们一两篇文章就能够说清楚的，无论是暴涨也好，暴跌也罢，这里面都隐藏着很多"不足为外人道"的奥秘，我们普通投资者想窥见一二也是不容易的。

但抛开当下令人无奈的中国股市不谈，我们来说一下正常的股市应该是怎样的。一般来说，股市长久的走势反映的是经济的走势，经济形式乐观，股市就会走高；经济形式不乐观，股市就会走低。探查欧美各国股市近几十年的走势，几乎都印证了这个规律。

当然，这是股市的长期走势，那么从短期来说，股市又受什么影响呢？金融领域有句话叫"利率一打喷嚏，股市就会感冒"，这句话是形容利率与股市之间的微妙关系，而利率对于股市的影响一般是立竿见影的，因此股市的短期走向是受利率影响的。

股市对资本十分依赖，就像是正在生长的植物对于阳光的依赖，哪里有光哪里的植物就会生长得茂盛。同样，哪里有充足的资金，哪里的股市发展状况就会比较好。而资本的充足与否主要以什么为风向标呢？那就是利率。

利率是政府用来调节金融市场的重要手段之一，起调控作用的方式就是以利率调节来控制资金的走向。

从理论上来讲，当市场利率处于下降阶段的时候，股票的价格就会出现上涨的趋势；而当市场利率有所上升的时候，股票的价格也会出现下跌的情况。利率的高低与整体股市的涨跌成反比，所以，研究利率和股票市场的关系对于股票投资者来说就显得非常重要了，你可以参考这些因素来决定自己在当前的情况下是买进还是卖出股票。

利率具体如何影响股市短期走势，我们可以从以下三个方面观察。

首先，利率一旦发生变动就会对存款收益率产生一定的影响，而这时候很多投资者就会选择放弃储蓄，转而在股票和储蓄以及债券之间做出选择，以此来实现资本的保值增值。所以说，利率下降，就意味着会有一部分原来处于储蓄状态的资金流入股票市场。

这个时候，资金的流入就一定会影响到股票市场的资金供求和股票价格。相反地，一旦利率上升，用不了多久，就会有不少股票投资者弃高风险的股票于不顾，转而将资金投向银行储蓄或者是债券。如此一来，股票市场上的资金供应量就会减少，而人对于股票的需求也会随之减少，股票价格自然就会随之下降。

其次，贷款利率提高会加重企业的利息负担，这对于企业的盈利来说无疑是一个不小的打击。与此同时，利率的提高还将在此基础上减少企业的股票分红派息。在这种情况下，企业的股票因为受到利率提高和股票分红派息降低的双重打击，股票价格就会不可避免地下降。

反之，当银行的贷款利率下调的时候，企业的利息负担就会随之减轻，与此同时企业的生产经营成本也就会有所下降，这样一来企业的盈利能力自然就会有所提高，而在这种情况下，企业可以增加股票的分红派息。而对于企业的股票来说，受利率的降低和股票分红派息增加的双重影响，往往会迎来一个上升期。

最后，利率的变动对股票的内在价值也有一定的影响。什么是股票资产的内在价值？简单来说就是由资产在未来所接受的现金流决定的。所有长期炒股的人大都知道，股票的内在价值与一定风险下的贴现率之间是成反比的。

一般而言，贴现率的高低是受银行间拆借、银行间债券与证券交易所的债券回购利率影响的。一旦贴现率上升，就意味着股票内在价值降低，也就是说股票价格会随之下降。

所以，综合以上三点来看，股市的短期“体温”是受利率影响的。正因如此，在股票市场，利率的变动对于股市来说有一定的刺激作用，是好的刺激还是坏的刺激就要看利率是涨还是跌了。

频繁出现的逆向淘汰

无论是在金融投资市场、企业界，还是在职场、社会，我们往往会发现这样一种状况：好的投资项目被坏的投资项目取代，安分守己的人在职场上变少，企业变得只瞄准利润，好人的职场空间被无限压缩。

这种现象用一个词来形容，那就是逆向淘汰。按照一般常理来解释，所有的领域都应该是末位淘汰制，不好的项目、企业、职员被淘汰，但现实却和我们开了一个玩笑，这是为什么呢？

一个二手车市场里发生了这样的事：这个市场的车从表面上看，似乎都没有什么差别，但其实质量有很大的差别。卖主对自己车的质量了如指掌，而买主则没法知道车的质量。

假设汽车的质量由好到坏分布比较均匀，质量最好的车价格为50万元，买方会愿意出多少钱买一辆他不清楚质量的车呢？最正常的出价是25万元。那么，卖方会怎么做呢？很明显，价格在25万元以上的“好车”的主人将不在这个市场上出售他的车了。

这样一来，进入恶性循环，当买车的人发现有一半的车退出市场后，他们就会判断剩下的都是中等质量以下的车了。于是，买方的出价就会降到15万元，车主对此的反应是再次将质量高于15万元的车退出市场。

以此类推，市场上的“好车”数量将越来越少，最终导致这个二手车市场里面剩下的都是坏车。

一个存在了很久的二手车市场中的车都是劣质车，而造成这种局面的，便是最典型的逆向淘汰。逆向淘汰在金融学领域有一句话来形容，那就是“劣币驱逐良币”。

16世纪中后期，欧洲各国纷纷实行了金银复本位制（金币和银币同时充当货币流通于市场)。在双行本位制度下，国家将金银兑换比率用法律条文固定，使金币和银币的兑换比率不受市场上金银价格波动影响。

这种方式本来是好事，但却因此导致了严重的问题。当金银比例和货币兑换比例不一致的时候，人们就会将价值较高的货币融化掉，转而选择使用价值较低的货币。

例如，金币和银币的比值为 1∶10，而流通市场中金价和银价的比值为 1∶15。人们本着“套利原则”就会将手中的金币融化掉，然后以 1∶15 的比值换成银币进行消费，这样 10 枚银币瞬间就变成了 15 枚，这样长久下去，金币就在市场上消失了。

而当时的英国实行的只是单一的金币制度，但因为金储量不足，不够造币使用，因此政府就想办法在新铸造的货币之中加入了一些其他金属。因而在当时的英国市场上就有两种货币，一种是原先不含杂质的货币，另一种是被加入其他金属的货币。

虽然两种货币在法律上的价值相等，但人们却能加以辨认，并且储存不含杂质的货币，将含杂质的货币拿去交易流通。这样下去，市面上的良币就渐渐被储存而减少流通，只剩下劣币在流通。这就是“劣币驱逐良币”的由来。

“劣币驱逐良币”在很多领域都十分常见，甚至我们日常生活中的种种不合理现象，都可以用这个规律来解释。

解决逆向淘汰的方法有几种，将这些方法结合起来运用，一般问题就可以解决了。

方法一：信息透明。逆向淘汰出现的最重要的原因是信息不透明，譬如在一个二手车市场里，买家是不知道某辆车的真实价值的，这才可能让一些劣质车鱼目混珠，进而导致逆向淘汰。

而如果将信息透明化，解决信息不对称的问题，让所有人都了解一辆车的真实价值，劣质车辆无法在二手车市场鱼目混珠，那么问题便解决了。

方法二：制定规则。一些逆向淘汰的出现，是因为规则本身的不合理。譬如政府规定劣币和良币的价值是一样的，公司规定好员工和坏员工的收入是一样的，这无疑就给了劣币替换良币的可能。如果制定出更加合理的规则，这个问题便能够迎刃而解。

方法三：严格奖惩。劣币之所以能够驱逐良币，主要是因为劣币可以毫无代价地替换良币，但如果对这种行为进行处罚，让劣币替换良币的成本变高，那么这个问题也就可以得到缓解了。

总而言之，频繁出现的逆向淘汰现象，其本质是劣币驱逐良币法则在起作用，而想要解决这种现象也不是不可能，关键就在于社会愿意下多大功夫、支付多大的成本来做这件事。

缔造世界的 20/80 法则

在金融市场上，赚钱的人总是少于赔钱的人，无论是股票、期货，还是基金和房地产，有金融投资就会有人赔钱，而且赔钱的人还总是占大多数，那么赔钱的人占多大的比例呢？

根据金融学家评估，在一个长期的投资市场上，赚钱的投资者只占不到 20% 的比重，其余 80% 的投资者都无法赚到钱。而更有趣的是，在这 20% 赚钱的投资者中，又是 20% 的人赚取了大多数的钱。

机会向少部分人聚集，剩下的是无法拥有机会的大众，这就是金融市场的本质，也是我们生活的世界的本质。

世界上大多数的财富被较少数的人占据着；人类大多数的科技进步是较少数人创造的；世界上拥有影响他人能力的人占较少数，而其他大多数人被这少数的人影响……

如果这些还不够让人感觉到人与人之间的不平等，另有一些事实也能证明这种不平等的存在：大学里大多数的女孩儿被较少数的男孩儿吸引；珠宝公司生产的大多数饰品被较少数的顾客消费；世界上大多数权力是由较少数人掌握的……人生处处充满着大多数和较少数的对比，在金融学领域被称为80%和20%理论。

80%和20%理论是在19世纪末期20世纪初期由意大利经济学家兼社会学家维弗雷多·帕累托提出的。具体的意思是："在任何特定群体中，重要的因子通常只占少数，而不重要的因子则占多数，因此只要能控制具有重要性的少数因子即能控制全局。"

但是现在这个原理经过多年的演化，已成为金融界无人不晓的"80%与20%"原理——80%的价值是来自20%的因子，其余的20%的价值则来自80%的因子。譬如，80%的财富由20%的投资创造；80%的亏损来自20%的投资失败……

基于80%和20%原理，我们对于时间的使用也可以有个新的认识。读者应该能够明白，把时间花在"重要的少数"问题上就有价值。因为掌握了这些"重要的少数"问题，你只花20%的时间，即可取得80%的成效。反之则应该避免将时间花在"琐碎的多数"问题上，因为就算你花了80%的时间，你也只能取得20%的成效。

不知道这么说大家会不会依然觉得困惑？那么我们下面就通过实例来证明"80%与20%"原理在生活的应用范围是多么广泛。

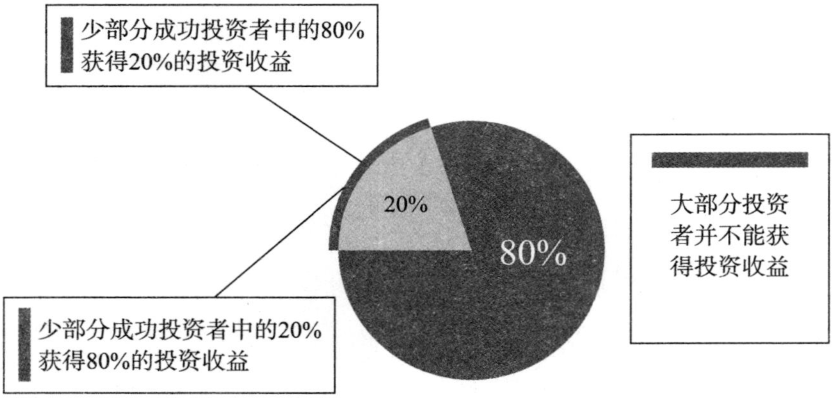

某家公司的一名经理因为被查出患有心脏病，医生要求他每天工作时间减半，也就是说正常人工作 8 小时但他只能工作 4 小时。可过了一段时间以后他突然发现，在这短短的 4 个小时当中，他所做的事情无论是在“质”还是“量”方面都与他之前正常工作 8 小时的时候几乎没有什么区别。

他自己也感觉非常奇怪，可是他所能提供的唯一解释是：工作时间已经是固定的了，只有在这短短的 4 个小时当中先把重要的事情做好了，把所有的精力都放在做重要的事情上，他才感觉提高了工作的效率，从而不影响公司正常的工作进度。

电冰箱我们家中都有，但是不知道有没有人发现一些老式的电冰箱在结构上有很大的问题，冷藏室在冰箱靠下的位置，而冷冻室则是在冰箱靠上的位置。当你想从冷冻室取食物时，可以保持直立的姿势，而当你使用冷藏室时，就必须弯腰蹲下才能取出食物。可是正常情况下人们使用冷藏室的次数要远远大于使用冷冻室的次数，这就导致很多人因为使用电冰箱时总是来来回回地弯腰蹲下，弄得腰酸背痛。

基于这个原因，一些电器厂商在电冰箱的设计上做了改良，让冷藏室在上面而冷冻室在下面，这样人们就减少了很多弯腰蹲下的动作。而这种设计就是依据“80% 与 20%”的原理来的。

以上举的两个例子已经能够很准确地说明生活中“80% 与 20%”的原理。在金融世界里，或是在生活中，到处都存在大多数和较少数的对比，仔细思考一下这个问题，并在生活中加以运用，你便能够因此获得意想不到的收益。

今天的钱和明天的钱

在 2007 年以前，我们中国的普通老百姓都还比较喜欢存钱，钱放在银行里面既放心还能赚利息，何乐而不为呢。

然而，10 年后的今天，我们再去问一问普通百姓，相信很多人都会无奈地说：钱放在银行里面有什么用，那点利息还不够赔的，还是拿出来投资靠谱。现在，即便是菜市场卖菜的大婶也知道拿钱去投资了，为什么会这样呢？因为现阶段的通货形势，存钱几乎就等于赔钱。

存钱等于赔钱的道理，前面已经讲过了，不再赘述。我们在这里只是想借此来说明一个道理，那就是今天的钱和明天的钱不是一回事儿。

钱和钱怎么能不是一回事儿呢？在有些读者看来可能有点匪夷所思，但金融学的奥秘就在这里。

假如我现在找你借 10 万元，10 年之后，我再还给你 10 万元，你同意吗？恐怕你多半是不同意的。因为谁也不知道 10 年后的 10 万元到底值多少钱。这就是问题的根源所在，明天的钱和今天的钱，虽然在数字上、单位上可能是一致的，但在价值上却可能出现让人诧异的变化。不理解这一点的人，就不能算是一个聪明的人，就无法在金融选择中做出合理的判断。

老赵夫妇俩都是老一辈的农村人，没有什么文化，对于财富的定义就是积攒。所以，在他们还很年轻的时候就意识到该为 20 年后给儿子买房娶媳妇攒钱了。于是，他们从孩子一出生就开始省吃俭用，从牙缝里省出的每一分钱都会攒起来，放在柜子下的一个布袋里。

就这样一转眼二十几年过去了，老赵的儿子也到了结婚的年龄，于是老两口就将柜子里的布袋取出来，把积攒了半辈子的钱都交给了儿子，让他拿着这些钱去盖房娶媳妇。当儿子看到布袋里厚厚的几沓钱的时候愣住了，里面有几毛一沓的，也有一元一沓的，还有五元一沓的，还有十元百元一沓的，凡是平日里能够看到的币种在这里面都能够找到。儿子从父亲的口中得知，这里面一共有 10 万元钱。

10 万元，对于以种地为生的农村人来说绝对不是一个小数目，父亲原本以为儿子看到这些会非常开心，但是儿子脸上却是哭笑不得的表情。沉默了一会儿才跟父亲说："如果从开始攒钱的时候父亲就将这些钱存进银行，那过 20 多年的时间这些钱就会翻几倍了。而如果父亲再懂得去投资的话，那现在手里的钱就可能翻几十倍了。"

像这样一对不懂得何为金融的老夫妻一样，现在生活中我们就有很多人不知道今天的钱和明天的钱是不一样的，而任由今天的钱在时间的流逝中变得不值钱。而懂得金融常识的人，往往能够利用这个常识，在时间的推移中赚取更多的财富。

看看现在身边的商品物价，不说一天一个样，也是一年一个样，我们手中的钱的价值总是在变，所以读者就更应该重视钱的价值理念。

当然，我们这样看问题，并不一定是因为物价在上涨、货币在贬值，而是因为时间本身是有价值的。随着时间的推移你手中的钱如果没有一点增长，就意味着你不仅浪费了时间，而且还浪费了这段时间里这笔钱本应产生的价值。

所以，当你要节省现在的钱不消费而留到未来消费的时候，在未来，你必须拿出大于当前数量的钱才能够堵上时间价值这一个缺口。否则，即使 10 年后你手中的 10 万元还是 10 年前的 10 万元，那么你也已经浪费了至少 10 年的存款利息或是市场利率。

更关键的是，金融学领域还有一个预期的概念，就是你对一笔财富在未来的预期价值。譬如当下的一笔投资，你预期会得到一个怎样的回报，只要你认可这种回报，就会进行投资。而金融领域的财富，就是在不断地预期和预期被实现的过程中创造出来的。

但如果你不这样做，就等于浪费了一个获得预期的机会，这在金融世界是不明智的。

未来的钱这个概念，对于实现财富的增长非常实用，特别是趁着自己还年轻，更应该多进行一些有所收益的投资。即使利润很少，但是 30 年后，等你老了，你年轻时候赚到的钱在这 30 年的时间里经“发酵”“膨胀”，你现在投入的一元钱的资金价值将会大于 30 年后的一元钱的价值。所以说，“种钱”要趁早，才能多收获果实。

第十二课

金融学帮你看清真相

国家居然也能破产

在经历了数年的债务危机之后，希腊这个全世界人眼中的度假天堂成了失败国家的代表。经济持续衰退、失业率居高不下、国民福利一减再减、到期债务频繁违约……希腊这个古老的国家正面临着经济的衰竭。

希腊这场危机源自美国次贷危机引发的全球性金融风暴。这场风暴彻底摧毁了希腊的经济基础，直到今天，希腊的经济不但仍然没有缓过劲来，还有越来越严重的态势，以致希腊政府都想着靠卖政府资产来维持开支了。面对希腊这种濒临破产的状态，一些中国网友甚至开玩笑："干脆让中国把希腊买下来算了，这样中国人去欧洲就不用办签证了！"

玩笑归玩笑，但对于一个破产的国家来说，抵押国家资产可能真的是为数不多的脱困方式了。其实，希腊还只是濒临破产，在希腊的西方，同样是欧洲国家的冰岛就经历了一场真正的破产。

冰岛破产也源自债务危机。2009 年，冰岛发生了严重的经济衰退，当时冰岛的金融业外债已经超过 1383 亿美元，然而冰岛这个国家的国内生产总值只有 193.7 亿美元。所以，显而易见，在这样的巨大差距之下，冰岛就像一个资不抵债的企业一样“破产”了。

国家破产是国际货币基金组织（IMF）于 2002 年提出的概念，意思是一个国家资不抵债的时候，可以选择以破产的方式来解决问题。但当时还只是一个设想，因为谁也没有想过这个世界上真的会有国家破产，所以关于如何破产、破产之后怎么办，其实并没有国际先例。

国际货币基金组织怎么也没想到，仅仅 7 年之后，全世界第一个破产的国家就诞生了。那么破产后的冰岛怎么办呢？会像一个破产的企业一样从世界上消失吗？这个问题当时并没有答案。

不过无论如何，冰岛是不可能消失或解体的，那么问题就是破产之后怎么解决。公司破产债务要整理，那么国家破产呢？冰岛是不能被瓜分的，但这样一个国家的债务就可以一笔勾销了吗？当然不是，有哪一个债权国愿意吃这样的哑巴亏呢？

在其他国家的逼债下，冰岛当然想尽快为自己的破产买单，赶紧填补上这个大窟窿，抓紧寻找解决还贷问题的方法。

靠借新债去还旧债？这个方法可能不行。一个国家一旦沦为破产国，就意味着今后相当长的一段时间里很难再从其他国家得到新的贷款。这是因为破产国家已经是一个空壳了，没有了经济实力的国家，又能够靠什么来赢得其他国家的信任呢？所以，面对破产国，不会有任何一个国家头脑发热地将本国的资金借给一个破产国却还拖欠其他国家的欠款。

金融危机的狂风停息后，冰岛就像是一片漂浮在海面上的残船碎木。在这样一个小岛上，住着30万的人口，金融危机摧毁了他们的国家，而在接下来的很长一段时间里，冰岛庞大的外债最终都将会压在这无辜的30万人身上。在此后的时间里，冰岛只得以透支国家信用和几代冰岛人幸福指数为代价，慢慢偿还那些遥遥无期的债务。

冰岛破产遭殃的不仅是人民，政府也免不了头疼不已。金融危机爆发后，冰岛的金融市场就像是破碎的气泡。眼睁睁地看着这一切发生却无能为力的冰岛总统格里姆松还因为这件事情心脏病发作住进了医院。

不过有趣的是，国家虽然破产了，但冰岛人民却觉得无所谓。身在破产国中的人民没有意识到问题的严重性，他们更愿意为眼前的商品降价而欢呼，并争相购买。与此同时，外国人也看到了扫货的机遇，一时之间很多外国人因为冰岛东西便宜而大量涌入疯狂购物，这在一定的时间里增加了冰岛的旅游和消费。

看到这里，读者可能会觉得，一个国家破产也没有什么大不了的。是的，国家破产对于人民来说没有什么大不了的，谁都不会因为国家破产而破产，反而会因为国家破产而尝到物价下跌的甜头。

可是，这些都只是我们所能够看到的，至于那些我们还没有看到或看不到的，比如说长期经济增长将会因为负债而受阻，金融市场将会在很长的一段时间里再也抬不起头。简单来说，受到债务的影响，破产国的经济增长将会受到打压等，这些都会带来比较严重的后果。

冰岛是世界上第一个因债务破产的国家，但不是最后一个，在它的后面，希腊就在悬崖边上，而即便希腊最终摆脱了破产，还会有其他国家步冰岛的后尘。

国家破产，这听起来让人觉得“新鲜”的事情，随着国际金融市场的波动，真实地出现在了我们的面前。对于这种事，熟悉金融学的读者应该不会感到惊讶，而在淡然处之之余，也要时刻关注我国的金融安全，毕竟我们也是这个金融世界的一分子。

美国为何向中国借钱

上一节我们讲，冰岛因为外债过多而于 2009 年破产，与此同时，希腊也正处于破产的边缘，资不抵债的希腊仍然处在债务危机的泥潭里。但是在这个世界上，有一个国家的债务比希腊冰岛加起来还多，却依然过得很好，这个国家就是美国。

美国是世界强国，这种强大是全方面的，当然也包括经济。但全球经济老大的美国，却有着全球最多的外债，而借钱给美国最多的便是我们中国。

在春晚的小品《捐款》里，小品演员赵本山说过这句话：“就他美国以前牛成啥样，今年不也来咱这借钱来了吗？”

而与此同时，美国也有同样的笑话。一个脱口秀演员说道：“以后我会在家里教孩子两种语言：一种是英语，让他能够在美国生存；另一种是汉语，这样他就能和他的债主说好话了。”

笑话在有些人眼里是笑话，但在金融学家眼中，可就未必是笑话了。一些金融界人士就对这种现象表示不解，欧洲复兴开发银行的创建者雅克·阿塔利在他的书《国家的破产》中写道：“月入不足1000欧元的中国人，却将省吃俭用的血汗钱，供应着收入超过自己10倍不止的美国人。”这样的言论，在短时间又引起了一番争议。

中国是美国的第一大债主，这是没有任何疑问的，但问题在于，中国为什么要“借钱”给美国呢？其实这是一个误会。

这里要解释一下，所谓的“借钱”并不是真的提供无息贷款给美国，而是中国政府购买美国国债。国债也不是美国人找我们借钱，而是我们自己想买。

随着中国加入WTO，进入国际市场，中国就与全世界第一大经济体美国有了千丝万缕的联系。今天，中美已经是世界第一大贸易伙伴，因为这种伙伴关系，中美经济被牢牢捆绑在了一起。

中国固然是美国的第一大“债主”，美国同样是“中国制造”的第一大买主。从这个层面上来讲，确保美国的金融体系不至于陷入崩溃，同样符合中国的战略利益。

在很多人的眼里，世界经济所呈现的是一种“发展中国家负责生产，发达国家负责消费”的格局。以美国为代表的发达国家社会保障制度已经非常完备，在这种情况下，发达国家的国民消费欲望得到了全面解放，储蓄率也会随之降低，银行的现钱就会很少。而作为发展中国家，人们的表现正好与发达国家相反，由于社会保障制度等不健全，出于对未来的担忧，发展中国家的国民消费热情被抑制，因而储蓄的愿望就比较强烈，银行的现钱就会很多。

这个时候，以美国为代表的发达国家想要维持经济增长就需要保证消费的增长，因而就需要找地方借钱。而作为最大的发展中国家——中国，自然成为美国的合作对象。这就是美国为什么找中国借钱的一个原因。

至于中国为什么要借钱给美国，这是因为发展中国家想要维持经济增长，就需要确保出口增长，这时就需要购买发达国家的国债，让美元回流。美元回流之后，美国通过债务融资，有了可支配的现钱，才会大量地进口发展中国家的物品，带动发展中国家的出口增长。也正是这一原因，包括中国在内的许多发展中国家才愿意借钱给美国。

而且在国际金融市场，美国国债还有另外一个用途，那就是资本保值。我们知道，国际金融形势波云诡谲，处处存在极大的风险，尤其是新兴市场经济国家，更是时刻要面对因为发展过快而导致的金融隐患。

在这种情况下，将自己与相对稳定的经济体美国联系在一起，可以相对保证自己的资本安全。所以，中国政府购买美国国债也不是为了帮助美国，而是为了保值自己的外汇，这是一种投资行为。

美国政府放出国库券，同样可以看作一种投资行为，因为它们可以在适当的时候回购国债，也许它们只需要为 100 元面额的国债支付 99 元。

许多经济发达国家和新兴市场国家都大量持有美国国债，日本更是长期居于美国最大债主之位，可见持有美国国债对一个经济体系来讲并不是坏的选择。

美国之所以能大量举债与它们强大的经济和金融实力是密不可分的。一来它们本身就善于赚钱，它们生产的产品销往全球各地。二来各国的外汇储备都是以美元为主，不买美国的国债也一样会遭受通货膨胀的影响。

中国只是在做别人都曾经做过并还在做的事情，所不同的是，中国不做则已，一做就成了世界第一。

中国不是韩国，不是新加坡，中国实在是太大了，历史上还从来没有出现过哪个国家拥有如此规模庞大的人口，以如此出人意料的速度奔向现代化。如果说韩国和新加坡是小龙，那中国就是巨龙。小龙兴起可使春水搅动，为繁荣景象锦上添花；而巨龙腾飞则必翻江倒海，完全改变世界格局。这样想来，中国成为美国最大债主几乎是必然的，因为只有中国有这么大的气魄。

中国持有的美国巨额国债，既构成了一种“人质”的情形，又有效地将全球两大经济体捆绑在了一起，这是一种很微妙的政治经济平衡。

不过从长远来看，如果美元一家独大的局面被打破，人民币可能实现国际自由兑换，中国的外币资产将不会像今天这样以美债为绝对核心。但是在现有的国际金融格局下，美国的地位仍旧不可撼动，我们也只能继续做美国最大的债主。

中国为什么要持有美元

上面一节我们讲中国因为种种原因持有了大量的美国国债，但读者应该听过，中国除了拥有美国国债之外，还拥有一笔数目巨大的美元储备，这又是怎么一回事呢?

其实，储备外国货币是国际间贸易必需的金融手段。一国与另一国进行贸易，除了以物易物之外，还必须有一种大家认可的一般等价物作为媒介。在古代，这种媒介很容易找，因为大部分国家都可以用金银作为货币，所以只要进行金银交易就可以了。

譬如清朝中后期，来往中国进行贸易的西班牙商人使用的就是墨西哥银元，因为中国国内也承认银子的价值，所以交易起来非常方便，一两银子大概兑换 0.9 枚墨西哥银元。但现代社会，一方面国际间贸易量扩大，导致贵重金属根本无力支付如此巨大的量；另一方面国际间贸易频繁，导致贵重金属结算变得非常烦琐，不便于开展贸易。

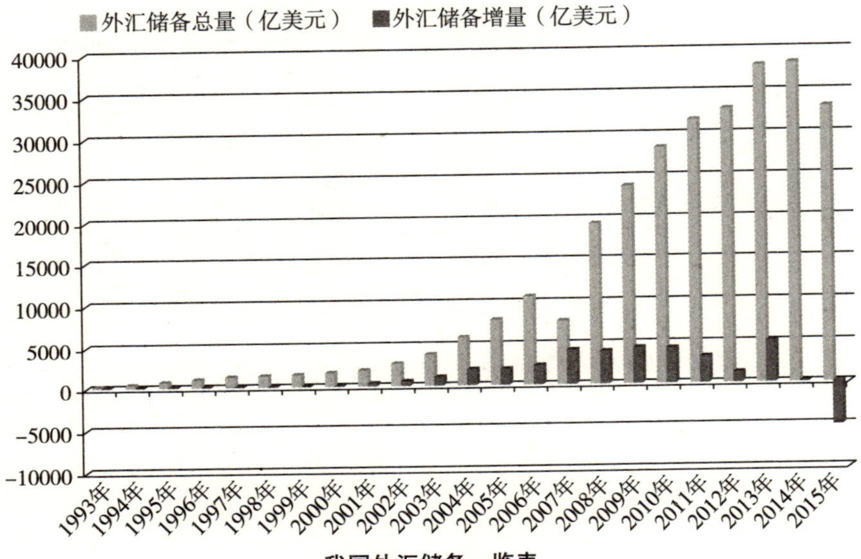

我国外汇储备一览表

在这种情况下，最好的方法就是找出一种大家公认的货币，那么用哪国的货币呢？当然是经济实力最强、金融信誉最好的国家。“二战”之前，英国是超级大国，因此各国间交易的媒介货币以英镑为主。直到“二战”之后，美国迅速崛起，美元的地位也水涨船高，这才逐渐取代英镑成为国际间交易的主要货币。有这种交易，那就必然需要储备美元。

中国从 2001 年加入 WTO 开始，对外贸易量与日俱增，外汇储备也就一直呈现快速走高的趋势。不仅在国际收支方面保持着巨额顺差的态势，就连外汇储备额也一直大幅度增长。就目前中国的形势来看，中国正处在一个体制转型时期，外汇储备所面临的高额增长态势值得人们关注。

2016 年 8 月底，国家外汇管理局公布了 2016 年第二季度的全国国际收支平衡表。就第二季度来讲，我国的经常账户顺差 3879 亿元人民币，资本和金融账户逆差 6132 亿元人民币，国际储备资产减少了 2255 亿元人民币。

而整个上半年，我国经常账户顺差 6448 亿元人民币，资本和金融账户逆差 3889 亿元人民币，其中，非储备性质的金融账户逆差 14183 亿元人民币，储备资产减少 10303 亿元人民币。

换算成美元之后，2016 年第二季度，我国经常账户顺差 594 亿美元，其中，货物贸易顺差 1250 亿美元，服务贸易逆差 593 亿美元，初次收入逆差 61 亿美元，二次收入逆差 3 亿美元。资本和金融账户逆差 594 亿美元，其中，资本账户逆差 0.3 亿美元，非储备性质的金融账户逆差 939 亿美元，储备资产减少 345 亿美元。

整个上半年，我国经常账户顺差 987 亿美元，其中，货物贸易顺差 2290 亿美元，服务贸易逆差 1169 亿美元，初次收入逆差 102 亿美元，二次收入逆差 31 亿美元。资本和金融账户逆差 595 亿美元，其中，资本账户逆差 1 亿美元，非储备性质的金融账户逆差 2172 亿美元，储备资产减少 1578 亿美元。

以上数据仅是 2016 年的部分数据，可能还看不出来我国在外汇储备上的规模。有相关经济人士对外汇储备方面专门做了总结，2006 年，我国的外汇储备突破了 1 万亿美元，2009 年突破了 2 万亿美元，2011 年突破了 3 万亿美元，2014 年逼近 4 万亿美元，近年虽然有所下降，但到 2016 年 9 月，外汇储备仍然高达 3.17 万亿美元。

由此足以看出，我国在外汇储备上的数目之庞大，在某种程度上已经接近世界外汇储备的三分之一了。

中国的外汇储备一度飙升，特别是拥有的美元数量也在不断变化。很多人在感叹中国经济实力变强的同时，又在疑惑，中国储备这么多美元是想做什么？

中国现有 3 万亿美元的外汇储备是不是意味着中国有钱了？既然这么有钱，是不是就不需要再去购买美国的国债了？投资很重要，那么中国拿着这些钱进行海外投资是不是更好呢？解答这个问题，我们需要看以下两点：

第一，外汇储备的本质是中国经济的百姓和企业，是多年经营出来的索取权，是我国的储蓄和家底。从长远的角度来看，这些家底应该交给中国的企业家和老百姓自主投资。但是从短期来看，这样做有很大的困难。假如我国将 3 万亿美元的外汇储备全部交给企业家和老百姓去投资，就目前的中国经济来看，他们不一定能够找到好的投资方向，到最后很可能还会产生大量的亏空，说不定最后的结果还不如买国外的国债好些。

第二，从全球的金融格局来看，如果 3 万亿美元的外汇储备马上从美国债券市场撤离，美国的国债市场会紊乱。抽离 3 万亿美元储备，相当于美国债券四分之一的资金要撤资，紧随而来的是美国国债的收益率或者利率的上涨。受全球化的影响，中国经济也会受到一系列的不利影响。所以，中国的 3 万亿美元外汇储备不能立刻从美国市场转移。

由此来看，虽然中国现在有3万亿美元的外汇储备，但并不能随意地下决定。至于为什么中国要储备美元，金融界的看法是美元在国际上的流通性特别强，并且也是外汇储备中最重要的货币，这是中国首选美元的一个根本原因。

另外，在进行外汇储备的时候，还需要考虑以下两个问题：

第一，外汇储备表现为持有一种以外币标示的金融债权，并非投入国内生产使用。这就产生了机会成本问题。如果货币当局不持有储备，就可以把这些储备资产用来进口商品和劳务，增加生产的实际资源，从而增加就业和国民收入，而持有储备则放弃了这种利益。因此，持有外汇储备，要考虑机会成本问题。

第二，外汇储备的增加要相应扩大货币供应量，如果外汇储备过大，就会增加通货膨胀的压力，增加货币政策的难度。此外，持有过多外汇储备，还可能因外币汇率贬值而遭受损失。因此，外汇储备应保持在适度水平。适度外汇储备水平取决于多种因素，如进出口状况、外债规模、实际利用外资等。应根据持有外汇储备的收益、成本比较等方面的状况把外汇储备保持在适度的水平。

中国之所以进行外汇储备，还是因为它的经济调节手段。当国际收支出现逆差的时候，动用外汇储备可以促进国际收支的平衡；当国内宏观经济出现不平衡的时候，还可以动用外汇调节进出口贸易，促进总供给和总需求之间的关系，使经济趋于稳定。外汇储备的增加，不仅可以增强宏观调控的能力，还可以维护国家和企业在国际上的信誉，对吸引外国投资、降低国内企业融资成本、防范和化解国际金融风险都有明显的好处。

人民币走出国门了吗

十年前，中国人出国必不可少的准备之一就是换外汇。十年后的今天，中国游客携带大量美元现金出行东南亚的现象已不多见。在泰国，随处可见的ATM机上，大多都贴有银联标识，可以取现。商场里，很多柜台都接受中国银联银行卡。遍布曼谷街头的换钱所也大都接受人民币，并有明码标价。曼谷一家有名的连锁货币兑换所还专门开设了人民币兑换窗口，而新加坡许多换钱所都用百元人民币的大幅图像作为招牌。

人民币国际化，是我们所有中国人的梦想，因为一旦实现，不但意味着我国国际地位的提升，对于我们自身的生活，也会产生显著良性影响。

试想一下，如果有那么一天，人民币也可以像美元一样在全世界自由流通，无论走到世界哪个角落，只要掏出人民币就能够随意购买我们想要的商品，这无论是对于中国经济还是中国的普通老百姓，都是莫大的便利。

然而，人民币的国际化也不是我们自己说了算的，人民币想走出国门容易，但要真正实现国际化，还要站得稳才行。而人民币能够在国际上站得稳，是有一些前提的。

早在十年之前，中国金融领域就提出了让人民币走出中国、走向世界的宏伟目标，但十年过去了，人民币的国际化道路还依然漫长。今天，整个中国金融界共同探讨，觉得要想彻底完成人民币的国际化，还需要解决好几个方面的问题。

第一，中国实体经济的发展。实体经济是金融的基础，只有对外贸易的发展脚步不断加快，人民币国际化的进程才能够逐步完成，随着中国加入 WTO 对外贸易的发展，中国对外开放已经融入全球经济化进程。所以，外贸以及关联国际化贸易需求结算的扩大，使得人民币对外汇的交易量越来越大，品种越来越多，现在人民币国际化本身也就是作为结算货币的发展。

第二，资本账户的开放从而促进跨境资金的流动。如果跨境资金流动受到阻碍，或者说人民币流到境外，不能有效回流，就会为人民币持有者带来很大影响，也会在一定程度上阻碍人民币国际化的进程。

第三，深化外汇市场。中国现在的外汇市场主要依托上海外汇交易中心，每天都进行人民币与美元的交易。实际上，现在中国国内外汇市场和国际外汇市场拉得越来越近。如果我们不提供价格一致的外汇市场交易产品，使得人民币汇率的价值不能够真正反映市场价格，那么，人民币汇率在境内境外两个市场上出现的差异可能会对未来的投资、投机带来一定的影响。所以，外汇市场要有充分的发展。

第四，汇率利率的市场要稳定。随着改革的推进，我们已经取得了很大的进展，特别是在规模上，人民币的改革已经有了较大进展，在境内境外的市场上价格基本趋于一致。

第五，国际市场的认可程度是关键。国际的投资者以及贸易的交易者要充分认识到人民币是一种可长期持有的货币，或者是作为可交易以及可投资的货币。上述这些都是影响人民币国际化的重要因素。

我们提出的这五个方面，既是人民币走出国门的基础，也是人民币走出国门的关键。解决这五个关键问题，实际上就是步步为营地推动人民币的国际化。

人民币国际化的第一步是可以在境外得到流通。随着我国经济的壮大，对外贸易发展越来越快，出国旅游、投资的人也越来越多，人民币境外流通基本已经实现了。

现在，在东亚和东南亚各国的主要城市中，我们都能看到可以用中国银联卡借款的商店，除此之外遍地的人民币兑换店，甚至中国银行的国外分行都向我们展示了人民币在这些国家的流通性。不仅如此，在欧美一些国家，我们也逐渐能够见到人民币流通的身影了。假以时日，人民币在全世界实现流通的梦想将不难实现。

人民币国际化的第二步是成为贸易计价单位和贸易结算货币。有赖于我国外汇市场的深化改革，第二步我们也在逐步实现。据环球同业银行金融电讯协会统计，人民币目前已成为世界第八大交易货币。只要按照这个步伐稳健前进，人民币国际化的第二步不久也将实现。

人民币国际化的第三步是成为国际投资货币和国际储备货币。我们必须认识到，由于我国国力与西方发达国家还有一定的差距，市场经济以及金融体系也处在逐步完善当中，因此，关于这一步人民币还有很长的一段路要走。

人民币的国际化可以减少我国因外币结算而导致的财富流失，还有利于我国减少国际投资风险和占据国际经济竞争主动权。但是，我们必须明白，人民币的国际化也并非有百利而无一害，人民币国际化能够给我国经济带来益处的同时，也是有着其固有的弊端的。

人民币国际化的弊端主要体现在三个方面：首先影响中国的金融市场稳定，其次会增加我国政府对经济进行宏观调控的难度，最后必然会加大人民币现金管理和检测的难度。

不过，尽管人民币的国际化会给我国带来种种消极影响，甚至在国际化刚开始的时期还会对我国经济造成一定程度的冲击，但从长远看，人民币国际化带来的利益整体上是远远大于其弊端的。

而且美元、欧元等货币国际化的现实也向我们说明，拥有了国际货币发行权，就意味着制定或修改国际事务处理规则的巨大经济利益和政治利益。因此，在人民币国际化的道路上，我们应该毫不迟疑地大步前进，把每一步都走稳，在克服弊端之后获取利益的最大化。

第十三课

像金融泰斗一样去赚钱

沃伦·巴菲特：把鸡蛋放到一个篮子里

一个农场主在买进某个农场之后，发现他的农场附近农田的价格下跌了，于是也把自己的农场卖掉了。每个人都知道这是愚蠢的，但到了投资市场上为何人们却争相效仿这个农场主呢？

这就如同一个投资者仅仅因为最近的一个成交价下跌而出售他的股票，或因上一个成交价上扬而买进股票。试想，即使购下了整个股市里所有公司的股票，也不能逃出“股灾”的冲击，难道买下几百种股票就能做得到吗？

这是巴菲特早年对全世界投资者说过的一段话，在这段话的背后，隐藏着巴菲特一个特殊的投资理念。

长久以来，投资界就流传着一句名言：“不要把所有的鸡蛋放进同一个篮子里。”它的意思就是要投资者尽量分散投资，从而降低因单只股票下跌所带来的风险。具体的理由是：把鸡蛋放进不同的篮子，可以规避一损俱损的风险。很多的投资者知道这句名言，也是照着这句名言的意思去做的，但是，这句名言真的有用吗？

作为投资界的泰斗级人物，巴菲特对待投资的态度却正好与这句名言相反，他是十分反感分散投资的。在巴菲特的理念中，投资应该像马克·吐温说的那样："把所有鸡蛋放在同一个篮子里，然后小心地看好它。"

把鸡蛋放在一个篮子里，可以被看作巴菲特最成功的投资理念之一，也是我们应该向他学习的地方。

关于投资对象的多少，很多投资者误以为"篮子"越多越能分散风险。但他们没想到的是"篮子"越多交易成本和管理成本也就越高。但投资者须知集中投资的策略基于集中调研、集中决策，在时间和资源有限的情况下，决策次数多的成功率自然比投资决策少的要低，就好像独生子女总比多子女家庭里的子女所受的照顾多一些。

举一个例子：如果我们有成千上万的投资机会可以选择，而且也确实同时选择了它们当中很多甚至全部的项目，那我们最终的结果却很可能是非常糟糕的。因为我们的资本和精力是有限的，一下子将注意力分散在那么多的对象上面，很难保证不出现思考或者决策中的纰漏。而且对于很多股票来说，它们都是和市场紧密联系的，很可能随大盘上涨而上涨，随大盘下跌而下跌。在这样的情况下，一味地追求分散投资是很容易出现不可挽回的局面的。

巴菲特对这种投资手段并不认同，他认为分散化投资策略其实只是针对无知投资者的一种保护。对于那些知道他们正在做什么的人，"篮子"越多越没有意义。而他也明确表示了自己的选股态度："我不会同时投资 50 种或 70 种企业，那是诺亚方舟式的传统投资法，最后你会像开了一家动物园。我喜欢以适当的资金规模集中地投资于少数几家企业。”

在对待投资上面，巴菲特采取的策略是集中投资。他这样的策略来自现代市场经济学之父凯恩斯。

凯恩斯对于投资的看法是集中好过分散，在他看来无论是对于收益而言还是对于风险而言，集中的投资选择都是远远优于分散性投资的。从概率学上面来讲，单一的集中投资所可能发生亏损和盈利的概率都是50%，但是如果将投资分散到两个对象上，那么盈利的概率就下降为25%，而亏损的概率则上升为75%，因为投资者在投资过程中要支付高昂的交易费用和时间成本、机会成本，那么不盈利实际上等于亏损。因此，抛除盈利的概率，其他情况就都为亏损。而亏损的概率也会随着投资对象的增多而逐渐升高。

如果对上面的概率有疑惑，那么我们再从另一个方面对比分散化和集中投资策略的不同：我们假定分散化投资策略中有100只不同的股票；而集中化投资策略中只有5只股票。那么分散化组合中某只股票的价格上涨了一倍，整个组合的价值只上涨1%。但如果集中化投资组合中的同一只股票上涨了5%，那整个组合为投资者带来的净资产提高则达到20%。而如果分散投资组合的投资者想要实现同样的目标，他的组合中就必须有20只股票价格翻倍，或者其中的一只上涨2000%。我们想，找出一只价值可能翻倍的股票和找出20只价格可能翻倍的股票，哪个更容易些？答案自是不言而喻了。

巴菲特正是看到了这一点，因而他也采取集中的策略进行投资，这种策略就是——只投资在少数他非常了解的企业的股票上，而且打算长期持有。但巴菲特也并非完全不顾及风险的因素，他在降低投资风险方面的做法就是在确定投资之前，先小心谨慎地对投资对象进行分析。巴菲特说过："如果一个人在一生中，被限定只能做出十种投资的决策，那么出错的次数一定比较少，因为此时投资者更会审慎地考虑各项投资，才做出决策。"

美国著名财经杂志《福布斯》的专栏作家马克·赫尔伯特根据有关数据整理后的检验结果证明了一个事实：如果从巴菲特的所有投资中剔除最好的15项股票投资，其长期表现将流于平庸。这也就表明了，巴菲特其实是将自己大部分的精力集中在15只股票以下，而其他的股票只不过是巴菲特在还有时间、精力的基础上的"消遣"之作。

对于我们普通的投资者来说，巴菲特集中投资成功的启迪固然重要，但更重要的是他选择篮子、看住篮子的本事。

投资者需记住一点，分散化投资如果持股过于复杂，失败的可能性将增加。同时也要认识到，为了获取更大的收益而进行集中投资，这样的做法无可厚非，关键是你有选择篮子的眼光和看好篮子的本领，一旦选择的对象出了错，那出现的严重损失也是不可避免的。

乔治·索罗斯：风险越大，收益越大

"富贵险中求"向来是金融投资领域的规律，因为在投资领域永远是收益越大，风险越大。

在面对风险的时候，很多金融泰斗的首选都是躲避，如我们上一节讲到的巴菲特，在不确定风险的情况下的第一选择也是躲避风险。而即便是遇到风险要迎上去的时候，也是在经过了精确计算之后，明白风险可以承担。

但是，在金融界却有一个十足的另类，他不但不畏惧风险，反而乐于进入风险中搏杀，他就是横扫了全世界，让无数人佩服又憎恶的乔治·索罗斯。

1953 年，从伦敦经济学院学成毕业之后，索罗斯几经周折在一家投资银行找到了一个培训生的工作，而他传奇的金融生涯也从此拉开了序幕。

在这份工作中，索罗斯逐渐成长为一个合格的交易员，而他的专长就是黄金股票套汇交易，这个交易有一个特点，就是风险巨大。可能是最开始的工作注定了索罗斯一生与风险为伍。

在伦敦工作了几年之后，索罗斯来到纽约，在 F.M 梅叶公司成为一名专事黄金和股票的套利商。在那里，索罗斯第一次对外籍金融市场进行了尝试，并取得了成功。

但是，经过长时间的跟踪调查，索罗斯判断出安联公司的股票具有极大的升值潜力，于是他建议人们购买安联公司的股票。但大部分投资机构都判断风险巨大，只有摩根担保公司和德雷福斯公司购买了安联公司的股份，其他人并不相信索罗斯。而后来的事实证明，索罗斯预测得极为正确，安联股票的价值在几年之内翻了三倍，索罗斯因此声名大噪。

1973 年，索罗斯开始自己独立经营金融投资企业。索罗斯的能力在于能够在极大的风险当中，看到风险背后隐藏的利润，并在最好的时机介入进去，抓住利润后转身就走。

譬如 20 世纪 70 年代末期和 80 年代初期，索罗斯看到英国金融市场存在的获利可能，于是在股市上涨到顶峰时，他把英国英镑卖空。对英国股市采取大量措施，以极低的价格买进，据说一共掏出了 10 亿美元。这一步棋他最终赚了 1 亿美元，公司的业绩也令人难以相信地增长了 102.6%，公司总资产发展到了 3.81 亿美元。

不过，索罗斯卖空英镑的行为在很多金融人士看来，完全就是一场豪赌，索罗斯是在跟全世界的英镑利多者豪赌，如果赌输，他将“死无葬身之地”。但最终证明索罗斯赌赢了，而他也就是这样一个喜欢在风险中“跳舞”的投资者。

索罗斯为什么这么执着于风险呢？按照他的道理，投资市场总是存在风险的，即便收益再小的投资，也有一定的风险性，只不过相对来说风险较小而已。但对于一个有“想法”的投资者来说，与其谨慎地追逐那些较小的收益，不如干脆一点，投资于更大风险的地方，因为那里意味着具有更大的收益。

而且，索罗斯的投资并不是跟着风险走，在投资于较大风险的领域时，他至少要对该领域做彻底的了解，并模拟出各种可能出现的情况。也就是说，他是在评估了风险，并得出了风险可能发生的概率之后，才义无反顾地投入其中的，这一点才是最重要的。

读者学习索罗斯的时候，切不可只学皮毛，看到索罗斯的风险投资法则，便奔着身边最高风险的投资而去，要知道，没有索罗斯的能力，如果贸然进入高风险领域，得到的往往不是高收益，而是风险变成现实，很多人也就在这样的风险中血本无归了。

关于索罗斯的风险收益利率，有几处是值得我们特别学习的。

第一，在乱局中冷静分析。

索罗斯说过：世界上没有稳定的金融市场，国际金融投资市场尤其是这样。越是交易频繁、错综复杂的市场，越有可能赚到钱。辨识混乱，投资者就能够致富；越乱的局面，胆大心细的投资者就越是有表现的机会。

一项金融投资的形势越不稳定，就会向上弹得越高，资本价格跌得越低，市场越乱就越可能出现大行情。很多情况常常是：市场乱，投资者跟着一起乱，因此金融市场常常会见到恐慌性卖压、投资者奋勇追高等现象。

但这种乱局对冷静的客观投资者来说，正是天赐良机，因为这可能是大捡便宜货的机会，也是财富重新分配的时候。

第二，根据昨天的历史分析明日的走势。

过去的金融历史可以成为分析未来金融市场的借鉴。索罗斯曾经成功预测了 1987 年的美国股市崩盘。

经济危机的爆发，往往是累积长期不稳定的情况而发生的。历史的经验往往可以预测未来，因为历史是会重演的，所以追溯之前的经验，是预测的重要方式。

索罗斯就是想到了 1929 年国际金融危机的历史，才预料到 1987 年股市的崩盘。这两者相似之处在于：短期货币市场利率走高，造成股市资金动能不足，大量美元流入其他国家，美国联邦理事会没有注入等量货币造成资金流动性不足，等等。

索罗斯在金融市场上能够获得巨额利润除了有赖于他独特的风险收益理论外，还在于他超人的胆略。他认为一个投资者的最大问题并不是过于大胆鲁莽，而是过于小心翼翼。一个冷静的投资者，一旦根据有关信息对市场作出了预测，就要相信自己的预测，当他确信他的投资决策正确时，那么投入再多的资金都是正确的。

吉姆·罗杰斯：独立思考、分析和操作

在索罗斯的身上，他对于金融世界的破坏成分是远远多于创建成分的。而作为一个金融世界的破坏者，索罗斯在金融界的崇拜者很多，但朋友却不是很多。不过，在索罗斯不长的朋友名单中，有一个人肯定占有一席之地，他就是吉姆·罗杰斯。

罗杰斯出生于美国亚拉巴马州，1966 年，拿到牛津大学学士和硕士双学位的他回到美国，在服完兵役之后，投身到华尔街。罗杰斯在华尔街的经历以失败告终，他用一年的时间赔光了自己所有的钱。但这段经历对于初出茅庐的罗杰斯来说确实非常宝贵。

这让罗杰斯慢慢认识了自己，他意识到自己对市场形势做出的判断往往是正确的，但预见到的大势变化与真实走势之间会存在一定的滞后性，因此很容易因为出手过早而无法获得利益。于是，罗杰斯对自己的投资战略做出了相应调整，其职业生涯由此进入无往不利的轨道。

在罗杰斯的投资理念当中，最重要的一条就是从一连串毫无关联的事情中分析出一定的必然性，并以此来预测未来。罗杰斯这种超前的投资理念，引起了一个人的极大兴趣，那就是索罗斯。

1971 年，罗杰斯与索罗斯相遇，之后两个人成了好朋友，并且在两天之后共同组建了一家投资公司，那就是日后让很多国家憎恶的量子基金。而真正让罗杰斯成名的，是对美国军工股票的投资。

1974 年，中东地区狼烟再起，第四次中东战争爆发。在战况

激烈的时候，《纽约时报》报道了一则美制武器不敌苏制武器的新闻。看到这则报道时，罗杰斯敏锐地察觉到，美国军工产业将有新的情况。

罗杰斯判断，美国政府即将加强国防军工业尤其是电子对抗领域技术的投入。因此他抢先一步，在市场上吸纳资本，并大举买进国防军工行业股票。市场的发展证明了罗杰斯预测的正确，在不到10年的时间里，美国国防军工行业形成了井喷式发展，罗杰斯通过抛售此类股票获得了少则数倍多则上百倍的收益。

因为善于预判未来金融市场的走势，罗杰斯料定了每一次美国的股灾和牛市，2008年美国次贷危机引发的全球金融危机也是如此。不幸的是，罗杰斯每次发出预警都被狂热的投资者忽略了。而当这些人赔得血本无归之后，他们回忆起罗杰斯的这些预警，又会将他捧上天，投资大师的声望由此日隆。

面对这种无奈的情况，罗杰斯总结道：与众人反向而行需要勇气。而罗杰斯的勇气就在于他对自己独特的投资理念的信心。罗杰斯的投资理念，金融界将它总结为六条：

第一，勤于研究。

罗杰斯曾经说过："我并不觉得自己聪明，但我确实非常、非常、非常勤奋地工作。如果你能非常努力地工作，也很热爱自己的工作，就有成功的可能。"罗杰斯的勤奋用在收集资料上面，这保证他拥有大量的资料来印证自己的判断，从而最大限度地保证了判断的准确。

第二，独立思考。

罗杰斯曾说："我总是发现自己埋头苦读很有用处。我发现，如果我只按照自己所理解的行事，既容易又有利可图，而不是要别人告诉我该怎么做。”罗杰斯从来都不重视华尔街的证券分析家。他认为，大众的思考方向往往是滞后的，事实上，金融市场中也没有人能靠随大溜而发财。

“我可以保证，市场永远是错的。必须独立思考，必须抛开羊群心理。”罗杰斯这样说。

第三，不要听信大师。

“学习历史和哲学吧，干什么都比进商学院好，或者当服务员，去远东旅行。”罗杰斯在哥伦比亚经济学院教书时，总是对所有学生说，不应该来读经济学院，这是浪费时间。因为算上机会成本，读书期间要花掉大约 10 万美元，这笔钱与其用来上学，还不如用来投资做生意，虽然可能赚也可能赔，但无论赚赔都比坐在教室里两三年、听那些从来没有做过生意的“资深教授”空谈学到的东西多。

第四，止损法则。

罗杰斯说：“除非你真的了解自己在干什么，否则什么也别做。假如你在两年内靠投资赚了 50% 的利润，然而在第三年却亏了 50%，那么，你还不如把资金投入国债市场。你应该耐心等待好时机，赚了钱获利了，然后等待下一次的机会。如此，你才可以战胜别人。”“所以，我的忠告就是绝不赔钱做自己熟悉的事，等到发现好机会才投钱。”

第五，投资要看价值。

如果你是因为商品具有实际价值而买进，即使买进的时机不对，你也不至于遭到重大亏损。“平常时间，最好静坐，越少买卖越好，永远耐心地等候投资机会的来临。”“我不认为我是一个炒家，我只是一个机会主义者，等候机会出现，在信心十足的情形下才出击。”罗杰斯如是说。

第六，静观其变。

金融市场总是在不断变化的，长期的低迷有时候会是一种常态，但不可能永远不变化。为了避免资金陷入一潭死水的市场中，你就应该等待能够改变市场走势的催化因素出现。

作为一个金融泰斗，罗杰斯给予大众的告诫是朴实的，他的投资理念也是最平实的。在进行金融投资的时候，多看一看罗杰斯的理论，听一听罗杰斯怎么说，这对于全世界以至于中国投资者来说，都有很大的帮助。

彼得·林奇：鸡尾酒投资理论

金融领域有一个恒定不变的法则，就是在判断一项投资好坏的时候，以它自身的价值为标准，投资物的市场价格如果低于它本身的价值，那么无论它的走势如何，这项投资都是有利可图的，这就是著名的价值投资理论。

巴菲特是价值理论的倡导者和实践者，与巴菲特一样，金融领域另一位泰斗级人物彼得·林奇也是价值理论的拥趸。

彼得·林奇不但继承了价值投资理论最精髓的部分，又不拘泥于此，开创了很多东西。彼得·林奇最广为人知的，便是鸡尾酒会投资法则。

在美国，鸡尾酒会是最常见的社交方式，无论什么年龄、什么职业，几乎都参加过各种各样的鸡尾酒会。在一些范围较大的鸡尾酒会里面，总能遇到来自不同行业的人，而作为投资者，参加鸡尾酒会自然也就成了一种拓展人脉的手段。彼得·林奇的鸡尾酒会法则，便是在参加鸡尾酒会的时候总结出来的。

彼得·林奇发现，在鸡尾酒会上参与者对于投资经理的态度是最能够反映投资市场的情绪的。通过总结，他将这种情绪的变动分为四个阶段。

第一阶段：彼得·林奇介绍自己是投资经理人时，身边的人表现得漠不关心，只是出于礼貌与他聊几句，之后就走开了。参加酒会的人更多是围绕在医生、校长周围，询问自己的健康、孩子的教育等问题，或者宁愿谈论明星的绯闻，也没有一个人谈论投资。

彼得·林奇认为，当人们宁愿谈论八卦新闻也不愿谈论投资时，投资市场就应该已经探底，不会再有大的下跌空间。

第二阶段：彼得·林奇在介绍自己是投资经理人时，人们会简短地与他聊上几句投资，抱怨一下投资市场的低迷，接着还是走开了，继续关心自己的健康、教育或者明星绯闻。

彼得·林奇认为，当人们只愿意闲聊两句投资，但还是会关心其他事时，那么就意味着投资市场已经有潜力上升，即将开始抄底反弹。

第三阶段：当参加酒会的人们得知彼得·林奇是投资经理人时，纷纷围过来询问该做怎样的投资，什么投资能够赚钱，投资市场的走势将会如何，而再没有人关心明星绯闻或者个人健康。

彼得·林奇认为，当人们都来询问投资经理人买什么投资更好时，投资市场应该已经到达阶段性高点。

第四阶段：没有人再关心彼得·林奇是不是投资经理人，但人们都在酒会上大谈特谈投资，并且很多人都主动向彼得·林奇介绍投资方向，告诉他该去做何种投资。

彼得·林奇认为，当人们不再询问该做怎样的投资，反而认为自己比投资经理人还了解投资市场时，那么投资市场很可能已经到达高点，整个形势即将开始逆转，走向下行通道了。

彼得·林奇的鸡尾酒会投资法则，从本质上讲，其实是基于人们对于价值盲目且错误的判断。

在金融领域之外，每个善于金融投资的人，或者说每一个社会人，都会有自己的价值判断标准。但与金融业内人士不同的是，这些人对于价值的判断往往是滞后的。

也就是说，当一种投资物的价格升高时，每个人都以其价格来判断其价值是巨大的，进而再判断出这种投资物是可以进行投资的。但要知道，投资的目的是通过价格的上涨获得收益，当一个投资物的价格过高的时候，它的投资价值其实是在削弱的。从这个角度讲，大众的价值判断就是滞后且错误的。

大众习惯于“买涨不买跌”，正是基于这种判断。而一个聪明的投资者，如彼得·林奇这样的人，能够根据大众的价值判断得出自己的判断，其实是一种取巧的做法。

金融投资者研究投资物的价值，需要对该投资物做最充分的了解，在进行收集资料、整理资料、计算资料、模拟市场等一系列步骤之后，才能够得出最客观的价值判断。但对于整体的投资市场而言，却有一个简单得多的方法，那就是参照物法。

在投资市场上也可以这样，我们上面讲过，大众在投资市场上往往都是扮演羔羊的角色，大众的选择往往也都是错误的，那么你只要逆着大众的选择做出判断，不就能把握投资市场的大势了吗？

彼得·林奇的鸡尾酒会投资法则就是这么来的，事实也证明了他的正确，在彼得·林奇的投资生涯中，他缔造了无数的传奇，在13年内让自己的投资翻了29倍，靠的就是这个判断。

当然，鸡尾酒会投资法则针对的是投资市场的大势，对于单一的投资物，彼得·林奇也有着一套严格的评估法则。这一套法则总结起来，可以组成一个有七个步骤的过程。这七个步骤分别是：选择目标投资物，收集一切相关资料，评估投资物的内在价值，分析市场价格，确定买入时机，分配投资比例，确定持有期限。

读者可以看到，一个成功的投资者其实并不是那么简单的，需要对大势的准确判断，也需要对某项投资物的细致研究，还有对金融领域总体的分析能力。如果能够做到这些，便可以在投资市场上无往而不利了。

图书在版编目（CIP）数据

恶补金融学的第一本书 / 汪继红著 . —2 版 . —北京：中国法制出版社，2020.12

ISBN 978-7-5216-1492-3

Ⅰ . ①恶…　Ⅱ . ①汪…　Ⅲ . ①金融学—通俗读物　Ⅳ . ① F830-49

中国版本图书馆 CIP 数据核字（2020）第 240746 号

策划编辑：郭会娟（gina0214@126.com）

责任编辑：郭会娟　刘　悦　　　封面设计：汪要军

恶补金融学的第一本书

EBU JINRONGXUE DE DI-YI BEN SHU

著者 / 汪继红

经销 / 新华书店

印刷 / 三河市国英印务有限公司

开本 / 710 毫米 ×1000 毫米　16 开　　　印张 / 14　字数 / 208 千

版次 / 2020 年 12 月第 2 版　　　2020 年 12 月第 1 次印刷

中国法制出版社出版

书号 ISBN 978-7-5216-1492-3　　　定价：42.80 元

值班电话：010-66026508

北京西单横二条 2 号　邮政编码 100031　　　传真：010-66031119

网址：http://www.zgfzs.com　　　**编辑部电话：010-66073673**

市场营销部电话：010-66033393　　　**邮购部电话：010-66033288**

（如有印装质量问题，请与本社印务部联系调换。电话：010-66032926）